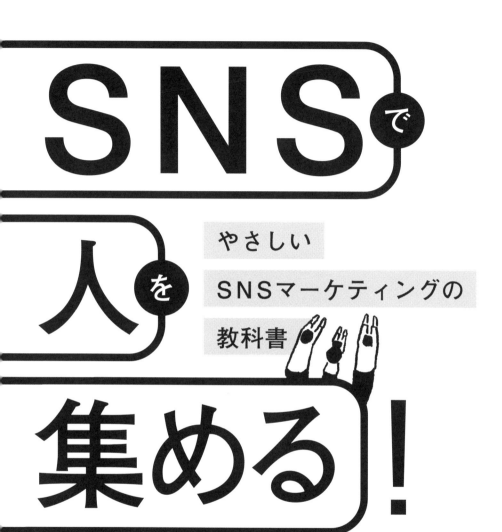

SNSで人を集める！

やさしい
SNSマーケティングの
教科書

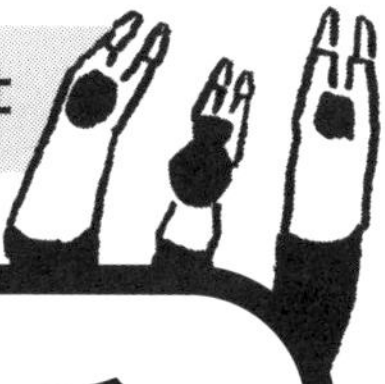

株式会社ＳＹＫ　代表取締役
喜多野 修次
Shuji Kitano

SOGO HOREI PUBLISHING CO., LTD

はじめに

多くの起業家・経営者が、「なかなかお客さんが集まらない」「売上が思うように上がらない」という課題を抱えています。この本は、「もっと自分のビジネスの認知度を高めたい」「商品やサービスの集客・売上を伸ばしたい」という人のための、SNS（ソーシャルメディア）を使ったマーケティングのノウハウをゼロから教える指南書です。

「毎日忙しいので、集客に時間をかけられない」
「有名人でもないのに、SNSでお客さんを急に増やすなんて無理」
「機械音痴でITも苦手だから、SNSや新しいツールは難しそう」

SNSマーケティングと聞いて、そう思っている人も多いかもしれません。しかし、そのような人たちこそ、SNSマーケティングに挑戦してほしいと私は考えています。SNSで人を集めるには、特別なセンスやスキルも、たくさんの時間や費用も、実は必要ありません。私が自ら実践して売上を伸ばすことができた、最も簡単でコストのかからない集客術をご紹介します。

まず、簡単に自己紹介をします。私はSNS集客コンサルティングを行う「株式会社SYK」の代表を務め、SNSで集客をするノウハウを約2700人以上に教えています。これまで実際にいろいろなSNSを運用してテストを繰り返し、そのデータと経験を基に、最も成功率の高いSNSマーケティング術を編み出しました。現在、自分の会社の社員や講座の受講生に教えているノウハウは、こういった実践に基づいたものです。

私は、元々は心理カウンセリングのフリーランス講師として、20歳の頃にビジネスを始めました。ところが、このビジネスは当初全然うまくいきませんでした。自分の提供するサービスを買ってくれるお客さんを、なかなか集められなかったのです。「3000円でコーチングのセッションを受けてみませんか」と10回営業をかけて、10回断られるといった調子でした。

失敗を繰り返しているうちに、集客の初心者でも始めやすい方法として、たどり着いたのがSNSです。1日17時間かけて、1人で数十アカウントのSNSを運用し、投稿内容や投稿頻度、プロフィール文など、どのように工夫すれば集客に繋がるのかを研究しました。こうして、集客を達成するためのノウハウを手に入れたのです。

同時に、マーケティングのスキルを高める必要も感じていました。私は、今でこそ100人規模のセミナーで講師として話をしていますが、当時はお客さんとコミュニケーションを取るのが大の苦手でした。

心理学講師を1、2年続けた後、一大決心をして、ベンチャー企業に行きました。そこで、「固定給はいらないので、電話営業をさせてください。うまくいったらインセンティブ（成果報酬）をください」と自分を売り込んだのです。私はその会社で2、3年かけて、数千本の営業電話をかけ続けました。当時の経験が、今私が教えているSNSマーケティング術の土台になりました。

受講生の皆さんに「お客さんになりそうな方ともうまく話せなかったんですよ」と話すと、今の私を見て不思議がられます。人との会話が苦手だったからこそ、「この悔しさを克服したい」と強く思って、スキルを身につけられたのです。

こうしてSNSマーケティングのノウハウを確立してから、自分のビジネスで年商3000万円を達成できました。この経験から、かつての自分のように悩んでいる人のお手伝いができるのではないかと考え、23歳のときにSNSマーケティングの会社を創業して今に至ります。

私を成功に導いたノウハウは、すべて実体験に基づいています。この唯一無二の方法を、自分の会社の社員や講座の受講生だけではなく、もっと多くの人に伝えたいと考えるようになりました。そのような経緯を経て完成したのが、この本です。

使用するSNSは、主にInstagram（インスタグラム）・Twitter（ツイッター）・YouTube（ユーチューブ）・LINE（ライン）です。これらを組み合わせて使うことで相乗効果が生まれ、簡単に大きく売上を伸ばすことができます。

この本では、SNSマーケティングの基礎知識から、マーケティングをする上で必須のコンセプト作り、Instagram・Twitter・YouTubeを使った具体的な集客テクニック、ビジネス用LINEであるLINE公式アカウントを駆使した信頼構築の方法、そして実際に購入・来店に繋げるメソッドまで解説しています。SNSを使って商品・サービスを売るために最低限必要なことを、すべてこの1冊にまとめました。

紹介するSNSはすべて無料で使えます。スマートフォン1台さえあれば、本を読みながらすぐにでも始められます。

本書のSNSマーケティングノウハウが、皆さんのビジネスの成功にお役立ていただけることを願っています。

喜多野　修次

SNSで人を集める！　目次

第4章　Twitterでコミュニケーションしよう

第5章　YouTubeで動画を投稿しよう

第6章　LINE公式アカウントで信頼関係を築こう

第7章　さらなる集客・売上に繋げよう

装丁：別府拓（Q.design）
本文デザイン・図表・DTP：横内俊彦
校正：池田研一

第1章

SNS マーケティングを始めよう

SNSマーケティングとはなんだろう？

SNSを使って「見込み客」を集める

現代は、テレビや新聞、雑誌、ラジオなど既存のメディアから情報を得る人が少なくなってきました。その代わりに、SNSや動画コンテンツが広く親しまれています。その中でもInstagram、Twitter、YouTubeは特に人気があります。

SNSはプライベートの交流で使うものと考えている人もいますが、実は、ビジネスで集客をする際にも役立つツールなのです。

自分が売りたい商品・サービスに興味を持ってくれそうな、将来的に顧客になる可能性が高い人を、本書では「見込み客」と呼びます。その**見込み客を集める役割を果たすのがSNS**です。

本書では、Instagram、Twitter、YouTubeといったSNSと、コミュニケーションアプリ「LINE」のビジネス版「LINE公式アカウント」を使い、見込み客を集めて売上に繋げるためのノウハウを解説します。

SNSで文章や動画を投稿すれば、その投稿に興味を惹かれた見込み客と交流ができます。情報を発信し、見込み客と親しくなるにつれて、自分が売りたい商品・サービスを関心のある人に知ってもらうチャンスが増えるのです。

そして、これらのSNSを経由して、LINE公式アカウントに見込み客を誘導します。LINE公式アカウントでは、登録者全員にメッセージを一斉送信することも、登録者と1対1でやりとりをすることもでき、見込み客とダイレクトにコミュニケーションが取れます。これは、商品・サービスを正しく知ってもらい、自分と見込み客の間の信頼関係を深めることに繋がります。

SNSは、ビジネスの最終目的である商品・サービスの購入に繋がる、

とても有効な手段です。

SNSマーケティングのフェーズ

ビジネスを成り立たせるためには、3段階のフェーズを知っておく必要があります。「**集客**」「**教育**」「**販売**」です。

1段階目の「集客」、3段階目の「販売」はどういうことかイメージしやすいでしょう。集客のために、本書ではInstagramやTwitter、YouTubeを使います。

従来のビジネスのやり方では、チラシ配りや訪問販売などでお客さんを集めてきた店舗や個人事業主が多かったかと思います。SNSによる集客は、そういった集客方法とは大きく異なります。

SNSは、自分の商品・サービスに関心のある見込み客を呼び込むための入り口になります。自分がどのような人間で、どのようなことをしているのかを広く認知してもらうためにSNSを使うのです。

2段階目の「教育」は少しわかりづらいかもしれません。もし「教育って、お客さんを洗脳してものを買わせること？」と考える人がいれば、それはまったくの誤解です。

本書で述べる教育とは、**見込み客に"正しい判断基準"を知ってもらって、その上で自分を必要としてくれる人に自分のファンになってもらう**ことなのです。正しい判断基準とは、あるお客さんにとって、どうして今その商品・サービスが必要なのか、どのくらいのお金を支払って購入するのが妥当なのか、という情報です。教育というのは、こうした情報を見込み客に理解してもらうことだと考えてください。

正しい判断基準を知ってもらうためには、見込み客とのコミュニケーションが大事です。LINE公式アカウントを使うと、プライベートでメッセージのやりとりをする感覚で、見込み客と気軽にコミュニケーションが取れます。ビジネスをする側は、自分の提供する商品・サービスが必要な理由と、お金を支払ってまで手に入れる意義を説明できます。見込み客側は、説明に疑問を感じれば、すぐにメッセージを送り質問することもできます。**LINE 公式アカウントは、見込み客とのやりとりを円滑に進める**ためのツールです。

ブログ集客との違い

Instagram、Twitter などの SNS は短い文章で投稿できるツールです。短文になりがちな SNS より、長文で自分の商品やサービスをアピールできるブログやホームページで集客した方がいいのでは、というようにも思えます。時間に余裕のある人なら、ブログなどを始めるのも悪くないでしょう。

しかし、私の経験では、ブログやホームページは見込み客に認知されるようになるまでに 1 年以上の長い月日がかかります。しかも、その間、頻繁に長文のブログ記事を投稿する必要があります。**ブログでの集客は、とにかく手間と時間がかかります。**

集客を必要としている人は、ただでさえ自分のビジネスを軌道に乗せるために忙しい人がほとんどのはずです。あるいは、ビジネスを始める前の段階であれば、兼業で他の仕事をしている人も多く、なかなか時間を取りにくいのではないでしょうか。

ブログを使う集客では、できるだけ頻繁に更新することが大切です。例えば、同業他社が毎日 1 記事 3 万字のブログ記事を公開しているのに、自分が週に 1 回 1 万字のブログ記事だけだったら、内容に関わらず認知度の面で大きな差がついてしまいます。

一般的に、ブログやホームページの SEO（検索エンジン最適化）が上がると、見込み客が「Google」や「Yahoo!」などの検索エンジンで調べたいキーワードを入れたときに、上位に自分の記事が表示される可能性が高くなります。

ところが、あまりブログを更新していなかったりブログ自体に記事数が少なかったりすると、たくさん更新しているライバルに表示順で負けてしまい、集客がうまくいかなくなってしまいます。

一方、Instagram や Twitter などの SNS は違います。投稿文が短くてもいいし、1つ投稿すると、それが SNS の中で拡散されてずっと自分を宣伝してくれることだってありえます。つまり、これらのツールは**短文という特性を生かして、より多くの発信ができる**のです。

それに、SNS 集客は時間もかからないばかりか、特別なスキルも必要ありません。例えば、Instagram では、きれいに写真を加工して、“インスタ映え”をさせることがフォロワーを増やす秘訣だとよく思われています。しかし、ビジネスで Instagram を使う場合は、**“インスタ映え”させる必要はない**のです。むしろ“インスタ映え”をしないことで自分の投稿を目立たせる裏ワザもあります。

また、YouTube を使った集客も、実はとても簡単にできます。「動画編集の高度なスキルがなければ人気の動画は作れない」というのはよくある誤解です。工夫ひとつで、動画コンテンツは簡単に作れるし、さらにはそれが事業を成功させてくれる営業ツールにもなりえるのです。

前述したように、SNS で自分の商品やサービスの認知を上げる目的は、SNS で集めた見込み客を LINE 公式アカウントに誘導し、コミュニケーションを取って正しい判断基準を持ってもらい、商品・サービスの購入に繋げることです。**SNS は、ブログやホームページと比べて、最もハードルが低い集客方法**だと言えます。

メルマガとの違い

私が講師をしている SNS マーケティングの講座では、メールマガジン（メルマガ）についての質問もときどき受けます。「LINE 公式アカウントではなくて、メルマガを使って集客してはいけませんか？」というような質問です。

正直に言いましょう。定期的にメールで情報を配信する**メルマガの時代は終わりつつあります**。

例えば、企業からメルマガが送られてきても、それを全部開封して、文章の最後までちゃんと読んでいる人は少数派でしょう。メールを開く前に表題だけ見て削除する、もしくは、そもそも迷惑メールフォルダに入ってしまってメルマガが届いていることに気づいてすらいない、という人がほとんどだと思います。

メルマガとLINE公式アカウントは、登録者に情報を伝えるという役割は同じです。つまり、LINE公式アカウントはLINEのメルマガ版とも言えます。

しかし、メルマガとは異なり、LINE公式アカウントでは相手がブロックしない限り、登録者のLINEアプリに必ずメッセージが届きます。メッセージが届くと、スマートフォンから音が鳴ったり震えたりするプッシュ通知も来ます。メルマガと違って短文で送ることもできるし、質問や返信も気軽にできます。だから、**LINE公式アカウントで送ったメッセージは読んでもらえる可能性も非常に高い**のです。

さらに、メルマガの購読は受動的になりがちですが、LINE公式アカウントはとても能動的なツールです。登録している人が気軽にメッセージを送ったり質問したりできるため、双方向のやりとりが生まれるのです。言い方を換えれば、配信者と登録者の間にある壁がとても薄いのです。

LINE公式アカウントを使えば、友だちに話すような雰囲気で、登録してくれた見込み客に一斉送信でメッセージを送れます。見込み客に見てほしい動画があれば、URLをメッセージに貼り付けることもできます。送った内容に対して、見込み客がLINEスタンプを返してくれるだけでも、お互いに心の中で「コミュニケーションを取った」という認識ができて、両者の距離感は自然と狭まります。

実は、私も自分のビジネスを始めた当初はメルマガを配信していたのですが、LINE公式アカウントに切り替えると売上がおよそ2倍に増えました。

しかし、ただLINE公式アカウントを作っても、興味を持って登録してくれる人がいなければ意味がありません。だから、見込み客に自分のことを知ってもらってLINE公式アカウントに登録してもらうために、Instagram、Twitter、YouTubeなどのSNSが必要なのです。

これらのSNSのプロフィール欄にLINE公式アカウントのURLを記載しておけば、SNSでのやりとりを通じて商品・サービスに興味を持ってくれた人に、登録を促すことができるようになります。

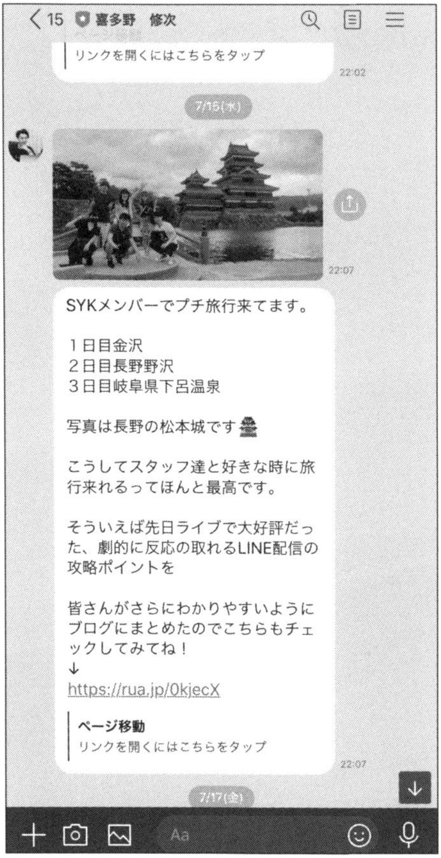

LINE公式アカウントの配信メッセージ

SNSマーケティングを今すぐ始めるべき理由

手間やコストをかけずに多くの人の目に留まる

普段あまりSNSを使っていない人にとっては、ビジネスのためにSNSを始めるのはハードルが高く感じられるかもしれません。不慣れなものを使えるようになるには、時間がかかると考えるのは当然です。しかし、Instagram、Twitter、YouTubeは決して難しいツールではありません。これらのSNSは誰でもすぐに使いこなせます。

たとえSNSに慣れていなくても、SNSマーケティングを始めるメリットはいくつもあります。

まず、SNSマーケティングはコストをかけずに簡単に行うことができます。

従来よく行われていた宣伝方法であるポスティングや訪問販売、テレフォンアポイント（テレアポ）は、実はとても手間やコストがかかるのです。近年、ビジネスの宣伝に関する法律、特にチラシの内容や個人情報に関する規制は、どんどん厳しくなっています。したがって、上に挙げたような従来の方法は、個人情報保護の観点からも、どんどん使われなくなっていくでしょう。また、チラシに載せる内容は景品表示法で規制がかかっているので、チラシを作るには、内容チェックの手間や費用をかけなければいけません。

しかしSNSであれば、チラシ作成費などのコストも、チラシ作りやポスティングなどの手間も、一切かかりません。SNSなら、お金をまったくかけず**ゼロコストで宣伝・集客を始めることができる**のです。

また、SNSはその利便性の高さによっても、他の集客方法と差をつけています。SNSによる宣伝は、**見込み客の目に留まりやすい**のです。

現代は、たくさんの人がすき間時間に動画コンテンツやSNSを利用しています。その中には、もちろん自分のビジネスの見込み客も存在しています。彼らが何げなくスマートフォンの画面をスクロールしているときに、商品・サービスについての投稿や動画を見つけるのは十分にありえることです。さらに、その投稿や動画を見て興味を持てば、SNSでは気軽にコメントをしたり、好印象を示す「いいね」をつけたりできます。つまり、SNSで発信することで**見込み客とマッチングし、自分の商品・サービスの認知度向上が望める**のです。

スモールビジネスで知られていない今が狙い目

まだSNSマーケティングのノウハウを知っている人が少ないというのも、メリットの1つだと言えます。早く始めれば始めるほど、同じようなビジネスをしているライバルの先手を打つことになるのです。特に、私がおすすめする「SNSからLINE公式アカウントに繋げる」というメソッドは、年商1億円未満の**スモールビジネスをしている人たちの中では意外とまだ知られていません**。ぜひ習得して、ライバルに差をつけてください。

インテリア商品を売っている「ニトリ」や、古本を中心とした商品の買取・販売をしている「ブックオフ」などは、LINE公式アカウントを使ってキャンペーン企画をしています。フランスのファッションブランドである「ディオール」は、すでにLINE公式アカウントから商品を購入できるようになっています。

このように、大企業もLINE公式アカウントをビジネスツールとして取り入れており、知名度は徐々に上がってきています。LINE公式アカウントという名前は知らなくても、スマートフォンでLINEアプリを開けば、自分が興味のある企業からメッセージが来ているという人も多いはずです。

しかしながら、スモールビジネスをしている人では、大企業が利用しているLINE公式アカウントを自分のビジネスでも使えると考えている人は少ないようです。LINE公式アカウントを使ったSNSマーケティングのノウハウを習得している人はまだほとんどいません。はっきりと言えるのは、**LINE公式アカウントを始めるなら、スモールビジネスでの利用者が少ない今が大チャンス**だということです。

LINEでリストビルディングができる

リストビルディングとは、ただ単にお客さんのリストを集めるだけではなく、**購買に繋がる可能性の高い見込み客のリストを作ること**を意味します。

LINE公式アカウントの登録者は、自分の商品・サービスに関心を持っている見込み客ですから、LINE公式アカウントを使うだけでリストビルディングができるのです。

LINE公式アカウントでリストビルディングをすれば、いつでも見込み客にメッセージを送ることができます。これは、常に営業をかけられる状態をキープしておけるということでもあります。

そして、集めた見込み客に対して自分自身について発信して、自分の商品やサービスのファンになってもらうこともできます。

今の時代、お客さんがお金を出すときには、商品の魅力だけで考えるのではなく、「この人が売っている商品だから買おう」と感じる人が多いのです。ここ数年、流行っているクラウドファンディングも、その多くはお金を集めようとしている人の生き方やサービスに共感して、応援したい人がお金を支払うというシステムですよね。

クラウドファンディングでお金を出す人たちを、自分の見込み客に置き換えて考えてみましょう。見込み客から信頼を得て、自分の商品・サービスのファンになってもらえれば、売上も自然に上がっていくという流れがイメージできるのではないでしょうか。

リストビルディングは、SNSで自分の投稿に返信がきたことをきっかけに見込み客と仲良くなったり、YouTube動画を見込み客が見てくれたりすることからが始まります。そこからLINE公式アカウントに登録してもらうことで、より一層コミュニケーションが深められます。

自分自身を発信して見込み客に知ってもらうことは売上に繋がる大きな一歩です。そして、その最適なツールこそが、ゼロコストで簡単にリストビルディングができるLINE公式アカウントなのです。

フリーランス・中小企業に向いている

本書で紹介するSNSマーケティングの方法は、特に年商1億円未満のスモールビジネスをしている人に適しています。

最近、私の講座の受講生で多い業種は、フリーランスでコーチングやコンサルティング業をしている人、セラピスト、カウンセラー、エステティシャンなどです。ただし、それ以外の業種の人でも、本書で解説するSNSマーケティングの方法なら、幅広い人が活用できます。

すでに起業している方だけではなくて、これからビジネスを始めようと思っている人も、ぜひSNSマーケティングのノウハウを知っておいてほしいと思います。中小企業の経営がうまくいかなくなる理由の多くは、集客方法に問題があるからだと言われています。中には集客がうまくいかず、廃業に追い込まれるケースだってあります。SNSを活用するノウハウを知っていれば、失敗する可能性を極力減らしてから起業することができるでしょう。

誰でも簡単にできるSNSマーケティングの特徴

簡単に始められる３つの理由

「SNS マーケティングは難しそうだから自分にはできない」と始める前から諦めてしまう人が多いのも事実です。そこで、本書で紹介する SNS マーケティングがどのくらい簡単か、３つのことを断言しておきます。

①“インスタ映え”不要

写真を加工する必要はありません。Instagram を使ったマーケティングでは、時間も手間も、もちろんコストもかからない秘訣があります。

②スマホ１台でできる

高額なパソコンを買う必要はありません。スマートフォン１台だけ用意してください。

③コストをかけずに自宅にいながら安定収入

集客から販売まで、家から一歩も出なくてもできます。集客に成功した後も、今は Zoom などのオンライン通話ツールが充実しているので、対面で営業する必要はありません。

つまり、これから解説する SNS マーケティングは、特別なセンスがなくても、普段使っているスマートフォンさえあれば、ゼロコストでできてしまうのです。ぜひ本書を読みながら、さっそく実践してみてください。

SNSマーケティングの流れ

まずは、SNS マーケティングの流れをひと通り把握しましょう。

①コンセプトを作る

実際にSNSを始める前に、**自分の商品・サービスのキャッチフレーズであるコンセプト**を決めましょう。コンセプトが必要な理由や、私自身と私の講座の受講生の体験談を交えながら、顧客を惹きつけるコンセプト作りのコツを解き明かします。

②Instagramでフォロワーを集める

マーケティングのためにまず始めていただきたいSNSは、エンゲージメント（ユーザーが投稿に対し反応を示した回数のこと）の高いInstagramです。**手間なし、コストなし、"インスタ映え"なし**でも、Instagramのフォロワーは増やせます。

プロフィール文や投稿文、投稿画像の作り方から、LINE公式アカウントに誘導する方法までを解説します。

③Twitterでフォロワーを集める

必ず画像を載せて投稿しなければならないInstagramと異なり、Twitterは画像を載せなくても投稿できます。また、Instagram以上に、Twitterは出会った人とコミュニケーションが取りやすいというメリットがあります。どちらもLINE公式アカウントに誘導するという最終目標は同じですが、Instagramを始めたならTwitterの集客ノウハウも知って、**相乗効果を狙う**のがおすすめです。

④YouTubeでチャンネル登録を増やす

最近は本を読まない人が増え、動画コンテンツの需要が高まっています。しかし、YouTube動画が誰でも簡単に作れるものだということはあまり認知されていません。また、YouTube動画は配信者本人が顔出しをしなければならないと思われがちですが、その必要もありません。そして、1回配信すればInstagramやTwitter以上に長い期間にわたって見られ続け、**自分が何もしていないときでも、その動画が自分の商品やサービスの営業をしてくれます。**

YouTubeからLINE公式アカウントに誘導するためには、チャンネル登録者数を増やすことが必要です。

⑤LINE公式アカウントで配信をする

②〜④までのSNSを経由して、LINE公式アカウントに「友だち登録」をしてもらいます。LINE公式アカウントでは、自分自身を表すキャラクターの設定や、メッセージの内容にもちょっとした工夫が必要です。配信やコミュニケーションを通じて、友だち登録をしてくれた**見込み客との間に信頼関係を築きます**。実例も交えながらわかりやすく説明します。

⑥LINE通話営業やライブ配信で売上へ繋ぐ

LINE公式アカウントの配信で信頼関係を構築できたら、タイミングを逃さず購買に繋げましょう。なぜLINE通話で営業をかける必要があるのか、LINE通話の回数、1回あたりの所要時間、通話するときにおさえておくべきポイントを解説します。

⑦Facebook広告でさらにLINE公式アカウントの登録者を増やす

最終的には、SNSでの集客だけではなく、Web広告も活用してほしいと思っています。Web広告の中でもFacebook広告は少額から始められて、ローリスクで迅速に効果を得られるのでおすすめです。

フォロワー数の目標

初心者がSNSマーケティングに慣れるまでの期間は、だいたい2〜3週間程度といったところです。3カ月間で以下のフォロワー数、登録者数を目標にするといいでしょう。

Instagram：5000フォロワー
Twitter：3000フォロワー（1カ月で1000フォロワーずつ増加）
LINE公式アカウント：50人登録

YouTubeは始めてすぐにチャンネル登録者数を増やすのが難しいので、まずは上記のInstagram・Twitterのフォロワー数と、LINE公式アカウントの登録者数を目標値にしてください。

LINE公式アカウントの登録者数が50人になったら、YouTubeを始めるタイミングです。まずは1、2本動画を撮ってYouTubeに投稿し、そのURLをLINE公式アカウントで配信してみましょう。

本書は、読み進めながら手を動かし、実践できる内容になっています。本書の解説に沿って実際にやってみれば、SNSマーケティングが決して難しいことではないと、すぐにわかっていただけるはずです。

第2章

コンセプトを作ろう

SNSマーケティングに必須の「コンセプト」とは

商品・サービスの「看板」

この章では、SNSを始める前にやっておきたい「コンセプト」の作り方について説明します。

そもそも、コンセプトとは何でしょうか？　例えば、毎日通りすぎる飲食店に看板があるとします。そこには「疲れを癒す〇〇料理」とか「銀座で唯一！　〇〇国本場の味！」などと書かれているかもしれません。この看板を見れば、中に入って料理を注文したことがなくても、その飲食店がどんな料理を提供しているのかわかるでしょう。

飲食店で提供する料理が自分の商品・サービスだとすれば、飲食店の看板は自分の商品・サービスのコンセプトだと言えます。つまり、ビジネスにおけるコンセプトとは、**商品・サービスの内容を一目見てわかるように伝える“看板”**のようなものです。

多くの大企業には、その企業の事業内容や理念を表したキャッチフレーズがあります。大企業でなくても、事業にキャッチフレーズ、すなわちコンセプトがあれば、どのようなことをしているのか顧客にとって非常にわかりやすいです。

スモールビジネスでも、コンセプトを作ることで見込み客を惹きつけていきましょう。

コンセプト作りはブランディングでもある

また、起業するときにコンセプトがあるかないかで、売上が大きく変わります。

お客さんの立場になってみましょう。お客さんは、商品・サービスのコンセプトを見て、今の自分に必要なものか、どういう人が売っているのかを知ります。その上で、買うかどうかを決めます。
例えば、「ルイ・ヴィトン」、「シャネル」のようなブランド名がよく知られている企業は、それぞれの顧客によって商品の価値が認められているからこそ、安定した売上を得ています。
ファッションブランドは、自分の会社の商品価値をお客さんに認めてもらうために、商品のデザインやクオリティだけではなく、キャッチフレーズにもこだわって、信頼や共感を得ています。これが企業のブランディングです。
自分の商品・サービスの価値をお客さんに知ってもらうブランディングは、**スタートしたばかりの企業や年商１億円以下のスモールビジネスをしている人にとっては、大企業以上に大切**です。
商品・サービスに価値がないと思われれば買ってもらえない、逆に価値があると思われれば買ってもらえる。自分をお客さんに置き換えれば、すぐに理解していただけるはずです。
コンセプト作りは、自分の商品・サービスのブランディングをすることでもあるのです。

見込み客に商品・サービスを知ってもらう

自分の商品・サービスに興味のありそうな人のことを本書では見込み客と呼んでいますが、まずは見込み客に自分の商品・サービスを知ってもらう必要があります。
そのために、最初にコンセプトを作るときには、「**〇〇の人のための〇〇の専門家**」という形のキャッチコピーで考えてみてください。なぜなら、コンセプトでは、ターゲットとなるお客さんのために、自分の商品・サービスによって何をしてあげられるのか、はっきり示さなければならないからです。
例を挙げるなら、
「肌荒れで悩んでいる人のための肌年齢改善専門家」
「筋トレ初心者のための 15 分でできるワークアウト専門家」
のようなコンセプトが考えられます。

コンセプトは、Instagram や Twitter のプロフィール欄に記載します。SNS で先の例のような言葉を見れば、まさに「肌荒れで悩んでいる人」や「筋トレ初心者」に該当する人は、その専門家の投稿を読みたいという気持ちになるでしょう。LINE 公式アカウントの URL も掲載していれば、すぐに商品・サービスを購入するかどうかはともかくとして、友だち登録だけでもしてみようかと思う可能性も高いです。

1回コンセプトを作ると、LINE 公式アカウントの最初のあいさつ文や、YouTube 動画での自己紹介でも、コンセプトの言葉をそのまま使えます。私の場合はセミナーを開くこともあるので、最初の自己紹介で「心理学のコーチングとマーケティング両方を教えている喜多野修次です」と言っています。

コンセプトを用意しておくととても便利で、SNS の種類や自己紹介する状況を問わず、いつでも自分の宣伝材料になります。

売上に繋げるために忘れてはいけないのは、**他とは違う自分の商品・サービスの強みは何なのかを打ち出すこと**です。その強みを踏まえたコンセプトこそ、SNS を始める前に必ず作っておくべきです。

誰にでもわかるキャッチコピー

コンセプトを考えるときに心に留めておいてほしいのは、**誰にでもわかるような言葉でキャッチコピーを作る**ことです。

ぜひ作った後に、「この言葉は小学３年生でもわかるだろうか？」と見直してみてください。誰でもわかる言葉にしたいのであれば、「小学３年生がわかるかどうか」を基準にしてみるのがおすすめです。

例えば、「コーチング」という言葉がありますが、講師が答えを与える「ティーチング」と混同する人がよくいます。コーチングは、学んでいる人が自発的に答えを導き出すためのサポートをすることで、未だに誤解されていたり、知られていなかったりする言葉です。小学３年生だったらと仮定すると、絶対にわからない言葉だと思います。誰にでも伝わるキャッチコピーにするために、できる限りもっと簡単な言葉に置き換えた方がいいと私は思っています。

人は普段親しんでいない言葉を見ただけで、「この人は難しいことばかり言っていて、商品・サービスの内容がよくわからない」と思うこともあります。ビジネスを軌道に乗せたいなら、お客さん全員が混乱しない、簡単な表現を選びましょう。

コンセプトでこんなに変わる　3人の成功例

SNSマーケティング講座の受講生や、私がコンサルティングをした人で、実際にコンセプトを作って成功した例がいくつもあります。ここでは3人の方の実例を紹介したいと思います。

①「3カ月で更年期を勝ち取るエンパワメントコーチ」

彼女は、もともとはまったく異なる業界で仕事をしていた人なのですが、40代後半のお客さん向けに、体のメンテナンスをする仕事をライフワークとして続けたいと思い起業しました。最初はずっと「40代向け体メンテナンスのお役立ち情報」というブログを運営していたそうですが、ほとんど受注が取れなかったと嘆いていました。

そこで、私の講座で学んだノウハウを使って、コンセプトを考え直しました。コンセプトを「3カ月で更年期を勝ち取るエンパワメントコーチ」に変えてみると、注文が殺到するようになったそうです。

②「仕事とお金と人間関係を引き寄せ、3カ月で理想のライフスタイルを実現する夢実現コーチ」

この人はもともと心理学が専門で、お客さんのセルフイメージ、つまり自己肯定感を高めることを仕事にしたいと言っていたのですが、ビジネスのテーマがぼんやりとしていて抽象的でした。そのため、「何をしているビジネスなのかわからない」と見込み客にも思われてしまい、ビジネスを始めて何年経ってもなかなか顧客を得られないと悩んでいました。

彼はすべての人をターゲットにしたビジネスを考えていたので、逆に対象を絞り込めば結果が変わるのではないかと私は思いました。そこで、「思い切って、ターゲットを起業して1年目のフリーランスだけにしてはどうですか」と提案してみました。

それに伴い上記のコンセプトを打ち出すと、すぐに結果が出るようになりました。今は月商50万円だそうです。

③「800人の女性を研究した、月100人の女性と出会うためのマッチングアプリの専門家」

相談してきたのは、恋愛コンサルタントをしている若い男性です。最初は「誰かの恋愛相談に乗っても、それではお金を稼げなくてビジネスにならない。どうすれば恋愛コンサルタントの仕事で収入を得られるようになるのだろう」とジレンマを抱えていました。ターゲットは初めから20代男性に絞れていたようなのですが、SNSのフォロワーも多くなく、集客に困っていました。

話を聞いているうちに、彼の強みは「既存のマッチングアプリを使い、800人の女性とマッチングするノウハウを実体験として得ている」ということだと気づきました。なかなか聞いたことのないものなので、それを押し出したコンセプトにすればどうかとアドバイスしました。

それを反映したコンセプトにすると、すぐに彼のノウハウが売れ始めました。

これから、この3人にもお教えしたコンセプトの作り方を具体的に説明していきます。しかし、こんな風に顧客を得られるコンセプトをいきなり考えるのはとても難しいです。コンセプトとしてのキャッチコピーを作る前に、まずはリサーチと分析によって自分の強みを探すことが必要です。

成功する人は必ずしている「3C分析」

ビジネスで成功するならまずは分析

かつて、私は個人事業主として心理カウンセラーの仕事をしていましたが、最初は営業がうまくいかず売上も伸びませんでした。ビジネスがうまくいかないときは、誰でも自信喪失してしまいます。いっそのことビジネスをやめてしまおうかと思う人もいるかもしれません。

ただ私は、悩んでいるだけでは何のプラスにもならないし、ビジネスで成功することを諦めたくありませんでした。そこで、「どうして集客がうまくいかないのだろう」と、まずは競合他社（ライバル）や自分のビジネス、お客さんの分析を始めました。そのおかげで、最終的には私の会社は社員を雇えるほどに成長したのです。

この時私がやった、ライバル・自分・お客さんの分析とは、マーケティング用語で「3C分析」と呼ばれるものです。大学で経営学を専攻していた人や、経営戦略に興味がある人ならよく知っているかもしれません。起業している人にとって非常に大切な考え方です。

3C分析は、SNSマーケティングにおけるコンセプト作りの根本にあるものです。具体的なコンセプト作りの説明の前に、まずは本書のSNSマーケティングにおける3C分析について、かみ砕いて説明します。

「3C分析」とは？

3C分析の「3C」とは、①「Customer（市場・顧客）」②「Competitor（競合）」③「Company（自社）」という3つのCで始まる言葉のことです。①→②→③の順番で分析をすると、自分のビジネスの強みやふさわしいコンセプトが見えてきます。

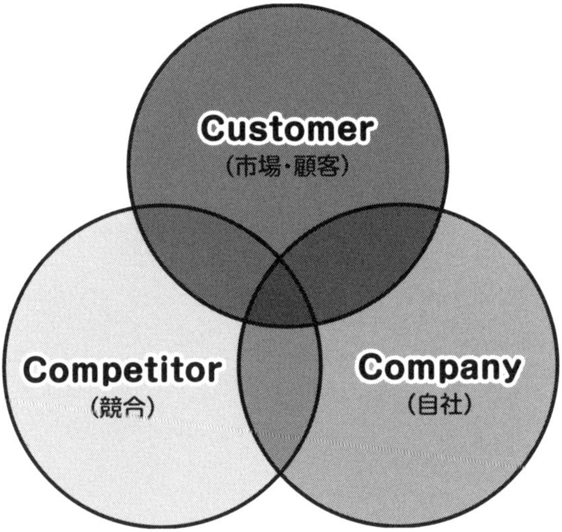

3C分析

①Customer（市場・顧客）

自分のビジネスの市場がどのくらいの大きさなのか、今後も成長する可能性があるのか、どのようなお客さんにとってニーズがあるのか、お客さんが買うまでのプロセスなどを分析します。

また、お客さんに商品・サービスを買おうとする意志や、そのための能力があるのかもリサーチします。ただ誤解しないでほしいのですが、この「能力」とはお客さんに支払い能力があるのかどうかだけを意味しているのではありません。例えば、未成年のお客さんなら、商品・サービスを購入するとき、保護者の同意も必要になりますね。そういったことも含まれる、広い意味での能力です。

②Competitor（競合）

自分と同じビジネスをしている企業や個人、つまりはライバルのことを分析します。どのような世代や性別の人をターゲットにして、どういった強みを持っているのかなどをリサーチします。その上で、ライバルと自分のビジネスに違いを見出し、差別化を図ります。

③ Company（自社）

自分のビジネスで何が土台になっているのか分析します。例えば、事業の土台になっている不動産や予算などがこれに当たります。また、これまでに培った経験とスキルをもとに、自分の強みは何なのかも見極めます。

3C分析をして気づいたこと

私が心理カウンセラーを始めたばかりで失敗を繰り返していた頃、３C分析を始めてすぐに気づいたのは、「自分と同じようなことをしている人はすでにたくさんいる」ということでした。

例えば、歴史の長いＡ社、スタートしてまもないＢ社が、同じ価格で似た内容のサービスを提供していたとします。自分がお客さんだったとすれば、どちらのサービスを利用したいですか？　ほとんどの人はＡ社と答えるはずです。

当時の私はビジネスを始めてまだ１、２年だったので、この場合、Ｂ社に該当しました。ライバルである他社と同じようなことをしていても、顧客が得られないのは当然でした。

また、自分のスキルについて考えてみると、「自分は会話が苦手なので、営業マンとしてもマイナスポイントがあるなあ」と気づきました。それを補うため、ベンチャー企業で数千本の営業電話をかけながら飛び込み営業の経験を積んでいきました。大変でしたが、結果として成果報酬を得られるようになりました。

今になって振り返ると、当時培った営業能力は、現在自分の会社のSNS集客やLINE公式アカウントの運営で役立っています。

ベンチャー企業での営業経験で培ったマーケティング能力の他、私にはもともと心理学を専門にしていたという強みがありました。心理カウンセラーだけ、SNSマーケティングだけではなく、私ならどちらの視点からでも、受講生が最適な答えを見つけ出せるようにコーチングすることができます。

そこから、「心理学のコーチング×マーケティング」というコンセプトでビジネスができるのではないかと考えるようになりました。

ライバルを分析したときにも気づいていたのですが、コーチングだけ、もしくはマーケティングだけを教えている人は数多くいます。

私の場合は、知識や経験をもとに、その両方を教えられるという強みができました。心理学とSNSマーケティング、二つとも学んで成果を得たい見込み客に、別々のところへ行かなくても、喜多野修次の講座ならトータルパッケージでこれくらいの費用で学べるよ、とアピールすることができます。

そうすると、今後自分のお客さんになってくれそうな見込み客が、目に見えて増えました。それまでLINE＠（現在のLINE公式アカウント）では1カ月に20人くらいしか登録者が集まらなかったのですが、「心理学のコーチング×マーケティング」というコンセプトに変えただけで、1カ月に120人から150人くらいの人がLINE＠の登録者になってくれました。

コンセプトを何にするかで集客がうまくいくかどうかが決まります。

私の場合は、「心理学のコーチング×マーケティング」のコンセプトを各SNSに大きく打ち出しました。これで、集客は9割がた成功したと思っています。あとの1割は、SNSの投稿内容などです。

すなわち、**集客の土台はコンセプトにあり、それをいかにSNSで活用するか**が大事なのです。コンセプトを作って、SNSを効率よく営業ツールとして使いこなせれば、売上は必ず上がると言っても過言ではありません。

コンセプト作りに必要な調査・分析をする

見込み客の悩みをリサーチする

まずやってみてほしいのは、Customer（市場・顧客）のリサーチです。

自分のビジネスの見込み客の“悩み”を30個、書き出してください。しかし、いきなり見込み客の“悩み”を書き出そうとしても、30個も思い浮かばないことが多いです。

ですから、まずは**見込み客の悩みについてリサーチを行います**。調べ方の参考になるものを2つ、お教えします。

①同業種の人が出版している書籍のAmazonレビューを研究する

当然のことながら、書籍の読者はお金を支払って買っています。つまり、著者のやっていることに興味のある人ばかりです。レビューは、書籍の著者の見込み客が本を読んでどう思ったか、感想がたくさん掲載されています。その中には、「私はこんな悩みがありましたが、本のこの部分を読んで解決しました」というような感想もあるかもしれません。

同業種のライバルの見込み客は、自分の見込み客でもある可能性が高いです。レビューを読めば、見込み客が何に悩んでどのような情報を欲しがっているのか一目でわかります。

②質問サイトを活用する

質問できるウェブサイト、例えば「教えて！goo」や「Yahoo!　知恵袋」などに投稿されている質問を調べます。自分のビジネスに近いキーワードで検索して、自分のビジネスにとってしっくりくる答えがあるような質問を探してください。

例えば、私の場合は「心理　コーチ」「マーケティング　客」などで検索します。そうすると、「心理学を教えたいのですがビジネスにならなくて困っています」とか、「お客さんを呼び込むためのマーケティング術がわかりません」とか、自分の見込み客になりそうな人の悩みがヒットします。

見込み客の悩みを30個書き出す

こうして調べた結果を見ながら、**見込み客の悩みを書き出していきましょう**。でも30個もの悩みは簡単には見つけられません。30個書き出せなければ、「なぜ見込み客の人たちはこの悩みを抱えているのだろう」と「なぜ」を突き詰めてみてください。

例を挙げると、私の講座の受講生で婚活コンサルタントをしている人がいました。実際に婚活をしている男性にターゲットを絞り、悩みをリサーチすると「モテたいけど、女性に好かれない」という人が多かったそうです。それをメモにして終わりにするのではなく、次のような流れで「なぜ」を深めていくと、相談者がモテたい理由、つまりは本当に求めているものに近づけました。

「なぜモテたいのか」
↓
「結婚したいから」
↓
「なぜ結婚したいのか」
↓
「両親を安心させたいから」
「家庭を持ちたいから」
「子どもが欲しいから」

同じように「モテたい」と思っていても、人によってモテたい理由が異なることがわかります。年齢や環境によるものかもしれないし、個々の考え方によるものかもしれません。

いずれにせよ、悩みや見込み客の「なぜ」を書き出すことで、彼らの求めているものがわかってくると、見込み客に刺さる言葉が思いつきやすくなります。
「なぜ」の内容は箇条書きで大丈夫です。上記の例だと、「親を安心させたい」、「家庭を持ちたい」、「子どもが欲しい」などと簡単にメモしていくイメージです。

ただ注意していただきたいことがあります。**自分の頭の中のイメージだけで、お客さんの悩みを想像して書かない**でほしいのです。
自分の頭の中だけで考えたものは、ひとりよがりになってしまいがちです。
コンセプトは、お客さんに刺さる言葉でなければなりません。ひとりよがりなものであれば、誰も惹きつけられません。
そのために、書き出した30個の悩みは、見込み客が本当に求めているものを知る上で必要なものであり、コンセプト作りの肝となるのです。

競合他社を2つのポイントからリサーチする

次にしてもらいたいのは、Competitor（競合）、つまり自分と似たビジネスをしている競合他社、ライバルのリサーチです。
競合他社がたくさんいる場合、すべてをリサーチするのは時間も手間もかかり、コンセプト作りの前から苦しくなってしまうので、とりあえず5社をピックアップしましょう。
「そもそも競合他社がどこかわからない」と言う人もいるかもしれません。その場合のライバルの見つけ方は、前述した見込み客の悩みをリサーチする方法に近いです。自分の見込み客がダイエットで悩んでいるのだとすれば、「ダイエット　糖質制限」や「ダイエット　食べながら痩せる」というキーワードでWeb検索します。そうすれば、ライバルのブログやホームページを見つけられます。
ライバルである競合他社について調べなければならないことは2つだけです。「**競合他社の見込み客はどのような人か**」と「**競合他社ならではの強み**」をリサーチしてください。

ライバル5社のブログやホームページを読んでみると、彼らが発信している内容から「このライバルはお客さんのこういう悩みを解決したいのだな」ということがわかってきます。そこから、この2つのポイントを分析します。

まず、競合他社の見込み客はどのような人か、つまりライバルのターゲットとなるお客さんはどのような人なのかについて分析します。

例えば、自分自身はビジネスをする上で20代の人をターゲットにするつもりだったとします。しかし、調べるにつれてライバルの顧客には意外と30代の人が多いことが判明すれば、その理由を調べなければなりません。

この場合は、ライバルのブログやホームページだけではなく、「Google」や「Yahoo! JAPAN」などの検索エンジンでキーワードを入れて調べるのも適しています。

20代の人が競合他社の商品を買わない理由は、そもそもその業種の商品に興味がない、もしくは興味があってもその商品・サービスを購入するためのお金がないことがわかったとします。そうすると、自分が見込み客を20代に設定して失敗する前に、ターゲットの年代を競合他社と同じように30代以上にした方が、売上が伸びるということがわかってきます。

そういったことに念頭を置いて、競合他社を参考にしながらも「自分のビジネスならではの強み」も持たなければなりません。だからこそ、「競合他社ならではの強み」、つまりライバル5社それぞれの強みを見つける必要があります。

自社のポジションを見極める

競合他社のリサーチが終わったら、いよいよCompany（自社）です。そのときに使えるのが次の図です。これは「ポジショニングマップ」と呼ばれています。

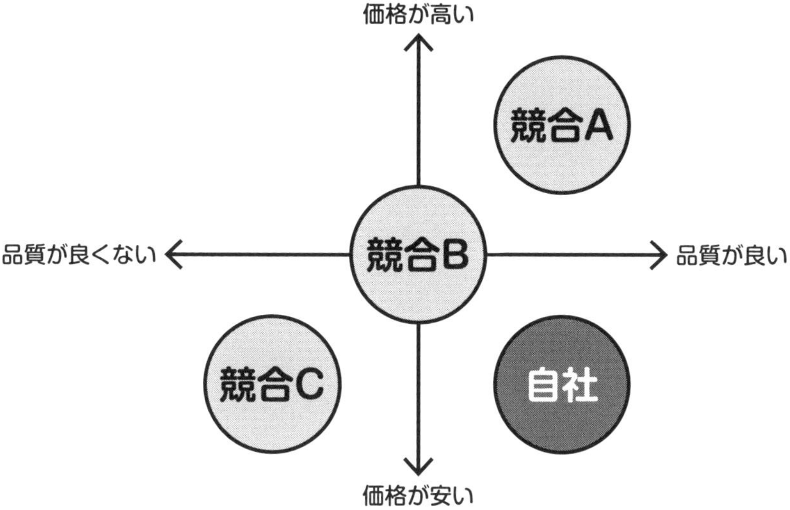

ポジショニングマップ

たくさんの企業をこのポジショニングマップに入れる人も多いのですが、時間と手間がかかってしまいます。まずは5社、ポジショニングマップの中のどこに位置するのか、リサーチの結果をもとに入れていきましょう。終わったら、先ほど書き出した見込み客の30個の悩みを再度振り返ります。

それから、ポジションの空いているところに、自分のビジネスをどう入れるべきか考えてみてください。

例えば、自分のビジネスが飲食店経営だったとします。ミシュランガイドに載っているような高級レストランは「競合A」のポジションに入りますね。一方、破格の安さで売っていて、味にはこだわっていない店は「競合C」に入ります。

価格も味もまあまあの店は「競合B」。この競合Bのポジションに入ろうとするライバルが最も多いことが予想されるので、ここではリサーチ中の競合他社5社のうち2社程度はここに入ると仮定します。そのため、わざと自分は競合Bには入らないようにします。

また、上の図で空欄になっている、価格が安くて、品質が良くないとされる左上のポジションがありますね。これはあえて書いていませんが、立地など他の条件にこだわっているため、味がそこまでではないのに価格が高い店です。こういった店は、特に都心の駅近などによくありますね。

競合を確認したところで、「自社」と書いてあるところを見てみてください。ほとんどの競合他社がチャレンジしていないポジションだと思いませんか？

例えば飲食店であれば、「俺のフレンチ」・「俺のイタリアン」を運営している「俺の株式会社」は、低価格で高級食材を提供している飲食のチェーン店で、現在都心だけではなく海外展開もしています。見事にまだ少ない市場を見極め成功した企業と言えるでしょう。

私はこの空いているポジションに自分の会社を入れることを「**自分の勝てる市場で勝負する**」と言っています。

飲食店に限らず、自分のビジネスの価値をどこに置くか見極めたいとき、効力があるだけでなく、コンセプトを作る上でもライバルとの差別化が図れるのがポジショニングマップです。ぜひ覚えておいていただけたらと思います。

コンセプトを表す キャッチコピーを作る

自分の専門性を伝えるキャッチコピー

見込み客の悩みを知ること、ライバルである競合他社のターゲットと強みの分析、そして自分のビジネスが狙うべきポジションを決めること、それぞれの重要性を理解していただけたでしょうか。

ここまでできると下準備は整ったので、いよいよコンセプト作りの最終段階に入ります。

ここで、１つ失敗例を挙げます。私の知り合いで、あともう少しというところでビジネスに失敗してしまった人がいました。彼は「コンセプトなんて作らず、なんでも屋になって、お客さんの要望を全部受け入れられるビジネスにしよう」と思ってしまったのです。

もしこういった考えを持ちそうになれば、もう一度原点に戻り、お客さんの立場になって考えてみる必要があります。

何かを依頼する時、または商品を買う時、自分がお客さんだったとすれば「なんでもやりますよ」という“なんでも屋”に頼みたいと思うでしょうか？　自分が求めている商品・サービスに特化した専門家に頼みたいと思いませんか？

例えば、「おいしいラーメンを食べたい！」と思った人は、たいていラーメンがメニューに入っているファミリーレストランではなく、ラーメン専門店に行きます。さらに、数多くの種類があるラーメンの中でも、メインがとんこつラーメンの店なら、「本格的なラーメンを食べたい人のためのとんこつラーメン専門店」というコンセプトがあれば、とんこつラーメンを食べたいお客さんをたくさん呼び込めるはずです。

つまり、**「〇〇のための〇〇の専門家（店）」の、「〇〇」の部分を埋める**ことで、効果的にコンセプトを見込み客に伝えられるのです。

使えるキーワードを探す

とはいえ、なかなか「○○」を埋めるキーワードが見つからないこともあるでしょう。

その場合は、またライバルのホームページやブログに載っている言葉、同業者が書いた書籍のタイトルで気になったものをメモしてみてください。特に書籍のタイトルは著者と出版社が考え抜いて作ったものなので、世の中のニーズが言語化されていて、なおかつ自分の強みに近いものが見つかりやすいと思います。

もちろん、ライバルのキーワードや書籍のタイトルをそのまま使うことはできません。ただ、**メモして集めた材料の中からしっくりくるものを、自分で探し出して組み合わせてください。**

誰もしていないような経験をしているとか、合格者の少ない資格を取得しているなら、それをコンセプトに入れるのが一番でしょう。でも、ほとんどの人はそういった特別なものはあまり持っていないと思います。

自分がそのビジネスの分野でナンバーワンであること、特別であることにこだわらなくていいのです。ただし、「たぶんこれが自分の強みかな」と思ったキーワードが、時代のニーズに合っているかをよく考えてみましょう。そういった過程を経て作られたからこそ、コンセプトはSNSマーケティングで活きるのです。

コンセプトができあがれば、SNS マーケティングは始まったも同然です。次の章ではいよいよ、実践ツールの１つである Instagram を使ったマーケティングについて解説します。

第3章

Instagramで
ファンを増やそう

Instagramの特徴を知って集客に活用する

Instagramで「ファン」を作る

「ユーキャン新語・流行語大賞」に“インスタ映え”という言葉が選ばれたのは2017年のことです。きれいな写真を撮り、目立たせせようとする“インスタ映え”は、今もInstagramユーザーたちの常識です。

この章で紹介するInstagram集客の最大の特徴は、**“インスタ映え”をせずにファンを増やす**ということです。

自分の「ファン」とは、自分に好印象を持ってくれて、今後自分の商品・サービスの顧客になる期待値が高い人たちです。つまり、第1章と第2章で述べてきた見込み客のことでもあります。

SNSマーケティングにおいて、Instagramはファンを増やすために活用します。ですから、Instagramでは自分のビジネスを売り込む投稿はあまりしないで、見込み客が求めている“お役立ち情報”を主に載せます。Instagramでお役立ち情報を発信していくことによって、見ている人たちに「この人、いいな」と好印象を持ってもらい、最終的にはLINE公式アカウントに登録してもらうきっかけを作ります。

そして、実はInstagramは、プロフィール欄にしかURLを載せられません。だからこそ、プロフィール欄が重要です。

Instagramの場合、自分のファンになった人がLINE公式アカウントや店舗のホームページにアクセスしやすいようにする役割は、プロフィール欄でのみ機能します。

幅広い年齢層に使われている

集客ツールとしてのInstagramには、さまざまなメリットがあります。

1つは、ユーザーの年齢層です。

Instagramのユーザーは、10代から30代前半くらいまでの若い人たちが多いというイメージが根強いようです。しかし、実際にInstagramを利用する人は今や若年層だけではありません。現在、Instagramのユーザーは20～30代だけではなく、40～50代も多くなってきていると言われています。

最近は、プライベートだけではなく、ビジネスのために使うユーザーも増えています。Instagramをビジネスツールとして使う場合は、**幅広い世代のお客さんを集めるのに有効**なのです。

他のSNSに比べてエンゲージメントが高い

他のSNSと比べたInstagramの強みは、その「エンゲージメント」の高さにあります。

エンゲージメントとは、簡単に言うと「1つの投稿がどのくらい見られて、反応されたか」を意味します。反応というのは、例えば「いいね」やコメントがついたり、画像がクリックされたり、拡散（シェア）されたりすることです。

私の会社ではInstagram、Facebook、Twitterを使って、どのSNSが最もエンゲージメントが高いのかテストしました。その結果、驚いたことに、InstagramはFacebookの10倍以上、Twitterの84倍以上のエンゲージメントがあったのです。

つまり、Instagramはたとえフォロワーが少なくても、**たくさんの人が見て反応する可能性の高いSNS**だと言えます。だからこそ商品・サービスに興味を持った見込み客がInstagramを見て、LINE公式アカウントに登録し、いずれは顧客になってくれるという流れを作りやすいのです。

Instagram集客は、ノウハウさえ習得すれば、難しい画像加工やライティングのスキルは必要ありません。だから、1日のすき間時間で簡単にマーケティングができます。

Instagramで簡単に集客するポイント

“インスタ映え”しなくていい

Instagramは一般的に「投稿する画像に自分の顔を載せた方がたくさんの人に見られる」と思われています。ユーザーの多くは写真を撮る際、自分が魅力的に映る角度を考え抜き、撮影後の加工にも時間をかけています。ビジネスでInstagramを使う場合でも、顔出しをすれば商品やサービスを提供している人がどのような人かわかるため、見込み客の信頼を得やすくなるのは事実です。

しかし、矛盾するようですが、私は**「顔出ししないからInstagramでの集客がうまくいかない」ということはありえない**と断言します。

自分の顔に限らず、風景や食事の写真を“インスタ映え”させる人もいます。そのような写真も、これから紹介する方法では必要ありません。

私がおすすめするやり方は、**画像に大きな文字を入れる**ことです。この大きな文字のことを、本書では「画像のタイトル」と呼んでいます。

画像にタイトルを入れるには、専門的なスキルは必要ありません。初心者でも数分で簡単にできます。タイトルを入れる画像は、スマートフォンで過去に撮影したものでもいいし、インターネットでダウンロードできるフリー素材でもOKです。

Instagramの歴史を振り返ってみると、世の中に出てきた当初、日本では写真を見せ合うアプリとして普及しました。そこから一眼レフカメラを使ったり、撮影の角度、高度な写真加工にこだわったりする人たちが増え、写真をきれいに見せる“インスタ映え”という言葉が生まれました。

しかし同時に、“インスタ映え”が１人歩きし、「Instagramではとてもきれいな写真で自分の投稿を目立たせなければならない」という先入観も生み出してしまったのです。
これはプライベートに限ったことではありません。ビジネスでも、自分では“インスタ映え”する素敵な写真を撮れないからと、Instagram 集客を諦めてしまう人が多いのです。

私はこのユーザーの先入観を逆手に取ってみました。むしろまったく“インスタ映え”させないで、画像の中に目を惹くキャッチ―なタイトルを大きく入れて、アピールしたらどうなるのだろうか？
Instagram の投稿を見ていると、画像に大きいタイトルを入れているような人はあまりいませんでした。だから、ここが狙い目なのではないかと思ったのです。客観的に見てもタイトルが入った画像は注目を浴びるはずですし、そのタイトルの内容が Instagram を見ている人にとって興味があるものであれば、“インスタ映え”させるよりたくさんの人がクリックして見てくれるのではないかと思いました。
実際に試してみると、思った通り、たくさんの人に投稿を見てもらえるようになりました。

Instagram を開いてみると、画面にはさまざまなアカウントの写真が並んでいますが、みんな一様に見えます。
まるで男子校の卒業アルバムの集合写真で、黒髪で学ランをきちんと着た生徒が並んでいるかのようです。そんな中、１人だけ金髪でオールバック、学ランのボタンをわざと外している生徒がいれば、目立つと思いませんか？
つまり、目を惹くキャッチ―なタイトルの入っている画像は、Instagram ではそういう存在です。周りと違っていて目立つものが、多くの人に見られるのです。
自分の顔を出したり、一眼レフカメラで角度を変えて撮影したりした映える写真を超えられる唯一の方法が、印象的なタイトルが入った画像なのです。

1日20分のすき間時間でできる

Instagramのために長い時間を確保しておく必要はありません。電車に乗っている時間や仕事の昼休みなど、すき間時間を使って投稿すれば十分です。慣れてくれば、Instagram集客にかける時間は**1日たった20分**で済むようになります。

例えば、投稿画像を仕上げるのは4分、投稿文を書くのは5分から10分くらい、フォロワーを増やすためのフォロー申請は3分で終わります。この場合、Instagramにかける時間は、単純計算で1日17分です。

コピーライティングのスキルはいらない

先ほど、「写真に目を惹くキャッチ―なタイトルを入れる」と述べました。しかし、矛盾しているようですが、画像のタイトルで重要なのは、**できるだけ自分の頭や時間を使わない**ことなのです。

まじめな人ほど素晴らしい文章を作ろうと考えすぎる傾向がありますが、タイトル考案に時間を割かないのが私流のInstagram集客です。

では、どのように画像のタイトルを作ればいいのでしょうか。

その材料とすべきものは、第2章のコンセプト作りの時にもおすすめした、Amazonで見られる同業者の書籍のレビューです。また、Amazon以外にも、有名なブロガーのブログなどを見るのもいいです。

例えば、「たった3カ月で5キロ痩せられた」といった文章を見つければ、これを参考にして「たった1カ月で2キロ痩せた私の食事制限法」などのタイトルを考案することができます。Amazonのレビューやブログから探してきた言葉をメモして、いろいろ組み合わせながら、タイトルを作り上げてください。

注意するべきこととして、他の人の言葉をそのままコピー&ペーストをして画像にタイトルとして組み込むのは避けましょう。著作権侵害になる可能性がありますし、オリジナリティーも出ません。

気に入った言葉やフレーズを集め、それらを組み合わせた後、主語や語尾を変え、自分の感情もつけ加えてみると、それだけで自分だけのオリジナルな文になります。
　先ほどの例をもう一度出すなら、「嬉しい！　たった１カ月で２キロ痩せた食事制限法」にすれば、それはもう自分だけの文章です。

　つまり、**投稿文を作る上で高度なコピーライティングのスキルはまったくいらない**のです。頭の中で一から文章をこねくり回して作る必要はありません。
　大切なのは、本のレビューや他の人のブログなどをリサーチして、キャッチーな言葉をピックアップすることです。

Instagramで フォロワーを増やす仕組み

フォロワーを増やす方法

Instagramは先ほど説明した通り、エンゲージメントの高いSNSです。ユーザーが頻繁にログインして、他の人の投稿もたくさん見ているのです。

ただ、Instagramには、Facebookの「シェア」やTwitterの「リツイート」のように、拡散して、他の人の投稿を広げる機能はありません。そのため、やはり自分の投稿を日常的に見てくれるフォロワーも増やしておいた方がいいでしょう。フォロワーが自分のファンになって、LINE公式アカウントに友だち登録してくれる可能性は高いです。

Instagramのユーザーが興味のあるアカウントを見つけてそのフォロワーになるまでの経路は①**ハッシュタグ検索から、**②**おすすめから、**③**フォローから**、の3つのケースがあります。この3つの流入経路を理解して、見込み客が自分のアカウントをフォローしてくれるようにしましょう。

①ハッシュタグ検索から

ユーザーがキーワードを検索して、検索結果の中から面白いと思う投稿を見つけ、その投稿者をフォローするという流れがあります。

例えば、「ダイエットをしたい」と考えている人がいたとします。Instagramのアプリを開くと、図のような虫眼鏡マークが出てきます。ここをクリックすると、画面の上に検索窓が表示されます。

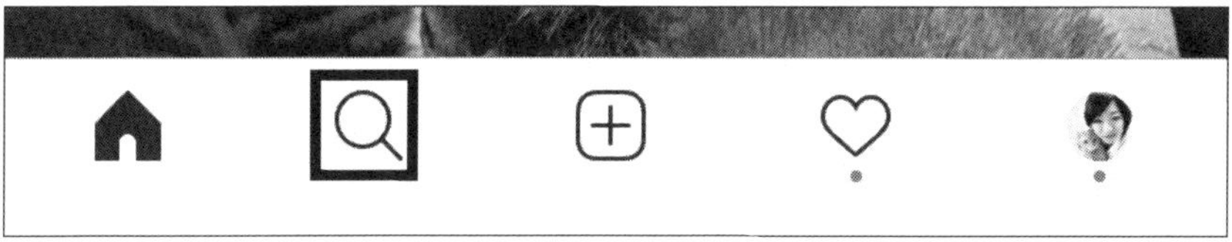

画面の下の方に虫眼鏡マークがある

検索窓に、例えば「ダイエット」と入れて検索します。すると、自分がフォローしているユーザーのダイエット関係の投稿を優先的に表示させる「上位検索結果」、ダイエット関係のユーザーが一覧で出てくる「アカウント」、ダイエットが含まれる言葉のハッシュタグ（#）が並ぶ「タグ」、ダイエットに関係した場所を表示する「スポット」が出てきます。

この中でも特に見てほしいのが「タグ」です。並んでいるハッシュタグの中から、「#ダイエットメニュー」をクリックしたとします。すると、投稿文の中に「#ダイエットメニュー」のハッシュタグをつけている投稿がいろいろ出てきます。

ユーザーは、表示された投稿の中で気になるものをクリックして読み、その投稿が面白いなと思えば、投稿者のアイコンをクリックしてプロフィールに移動します。プロフィールを見て興味を持てば、「フォローする」というボタンを押してフォローします。

このように、フォロワーを増やすには、**見込み客に検索から自分の投稿を見つけてもらって、そこからプロフィールを見てフォローしてもらう**という方法があります。

検索からフォローをしてもらうためには、まず投稿するときに、投稿文の中にハッシュタグをつける必要があります。また、投稿画像にタイトルを入れれば、検索結果の一覧画面でも自分の画像を目立たせることができます。さらに、フォローすることを決めてもらえるような、わかりやすいプロフィールが重要になります。

プロフィールや投稿画像、投稿文の作り方については、この後詳しく説明します。

②おすすめから

「おすすめ」とは何かというと、ユーザーそれぞれに対しておすすめだと思われる投稿をInstagramが自動的に表示してくれる機能です。Amazonのレコメンドのようなものです。YouTubeの動画をよく見ている人であれば、動画を見終わったときに画面下に出てくる関連動画紹介のようなものだと思ってください。

おすすめの投稿を表示させるには、一旦ホーム画面に戻り、先ほどの図の虫眼鏡マークをもう1回クリックしてみてください。おそらく自分の好きなもの、興味のあるもの、自分のビジネスに関係のあるものをピックアップした投稿が出てくると思います。

例えば、猫の写真をよく投稿している人なら、「この人は猫が好きだろう」とInstagramのシステムが予想して、猫関連の投稿をおすすめしてくれます。この場合のおすすめは、投稿者をフォローしていてもフォローしていなくても関係なく表示されます。

立場を変えてみると、自分の投稿が誰か他のユーザーのおすすめとして表示されているかもしれないのです。

ユーザーは、検索の場合と同じように、おすすめの投稿の中で気になったものをクリックしてから、その投稿者のプロフィールや他の投稿を見ます。プロフィールが興味深い内容だったり、自分の興味や趣味と重なる投稿が多かったりすれば、その投稿者をフォローします。

つまり、**見込み客のおすすめの中から自分の投稿を見つけてもらって、プロフィールからフォローしてもらう**ことで、フォロワーを増やします。

このためには、たくさん並んだおすすめの中でも目立つタイトル付きの画像と、魅力的なプロフィールが必要です。

③フォローから

まだフォローされていないけれど見込み客になりそうなユーザーを、自分から探してフォローする方法もあります。

Instagramで誰かをフォローすると、フォローした相手にも自分がフォロワーになったという通知が届きます。その通知を見た相手が、お返しとしてフォローしてくれることもよくあります。フォローしてくれた人をフォローし返すことを、InstagramやTwitterでは「フォローバック」などと呼んでいます。**自分の商品・サービスに興味のありそうなユーザーからフォローバックしてもらう**ことで、フォロワーを増やすことができます。

自分からフォローした相手は、まずプロフィールを見てフォローバックするかどうか決めます。つまり、フォローからフォロワーを増やす方法でも、やはりプロフィールが大切なのです。

見込み客になりそうなユーザーの探し方は、この章の最後に解説します。

見込み客にとって魅力的なプロフィールを作成する

集客のためにはプロフィールが重要

趣味でSNSをしているとプロフィールを書くのはとても楽しい作業です。ビジネスのためにSNSを使う場合でも、同じように楽しみつつ、集客に重要なポイントをおさえてプロフィールを作りましょう。それがフォロワーを増やすことにも繋がります。

Instagramではをプロフィールにしか載せられません。そのため、当然のことながらLINE公式アカウントやホームページのURLを載せられるのもプロフィールだけです。

ですから、Instagramをマーケティングに使う場合は、プロフィールに載せる文章がとても大切です。プロフィールに力を入れる目的は、フォロワーを増やすだけではなく、最終的にはLINE公式アカウントなどのリンク先に見込み客を誘導するためであることを覚えておきましょう。

一目見て魅力が伝わるプロフィール

集客に効果的なプロフィールにするには、一目見て内容がわかるようにしなければいけません。Instagramのプロフィール文の文字制限は150字ですが、実際は100字くらいにまとめるのがいいです。長すぎない方が、プロフィールを見たユーザーにとっても読みやすく、フォローされる確率も上がります。

第2章で､｢○○のための○○の専門家」という自分のコンセプトの作り方を説明しました。プロフィールの一番初めには、まずそのコンセプトを載せましょう。

その下に、自分の投稿を読んで得られるメリットを箇条書きで並べます。長くなりすぎないように、2、3行でおさめるようにします。

Instagramのプロフィールの例

Instagramユーザーが興味を惹かれる投稿を見ると、その投稿をした人のプロフィールにアクセスすることがあります。その人たちは、その投稿には惹かれていても、プロフィールを見て「私とは合わなそう」と感じれば、直前に見ていたページに戻ってしまいます。

自社調査の結果、ある投稿を見た後に投稿者のプロフィールを見るユーザーの総数を100％と仮定すると、プロフィールを見てからフォローせずに元のページに戻ってしまう確率は74％です。このことを「離脱率」と言います。

どうして離脱率がこんなに高いのでしょうか。調査と分析によって見えてきたのは、1つのアカウントを訪れたInstagramユーザーは、アイコンとプロフィール文だけで「この人は何をしている人なのか」をだいたい約1秒で判断するということでした。つまり、プロフィールを1秒見て「この人、何をしているかわからない人だな」「興味がないな」と思えば、すぐにそのページから離れてしまうのです。

74％の離脱率を少しでも下げたいなら、**プロフィールの内容をよく吟味して、1秒で魅力が伝わるようにしないといけません。**

また、アイコンについては、よほど奇妙な写真でなければ問題ありません。顔出しできる人なら、顔がはっきりと写る明るめの写真がいいでしょう。顔出ししたくない人であれば、文字が鮮明に見えるロゴなどをアイコンにしてみましょう。

ユーザーが自分をフォローするか元のページに戻るか判断する基準の割合は、アイコンは1割程度で、残りの9割はプロフィール文の内容です。

URLを忘れずに！

前述したように、Instagramでフォロワーを集める目的は、見込み客をLINE公式アカウントなどのURLに誘導することです。ですから、プロフィール欄にURLを掲載するのは、絶対に忘れないようにしましょう。

ただし、プロフィール欄に掲載できるURLは1つだけです。もしLINE公式アカウント、Twitter、店舗のホームページなど、誘導したいURLが複数ある場合は、「リンクツリー（Linktree）」というツールを使うのがおすすめです（2020年8月現在）。リンクツリーを使えば、1つのウェブページに、自分が運営しているホームページやSNSなどのリンクをまとめることができます。そのページのURLをInstagramのプロフィール欄に載せれば、複数のURLに誘導できます。

画像・文章を用意してInstagramに投稿する

投稿する画像の用意

プロフィールができたら、さっそく投稿してみましょう。

Instagramで投稿するときは、まず画像を用意して、次に文章を書きます。下記の流れに沿って進めます。

まず、Instagramで肝となる投稿画像を用意します。

ここで大事なのは写真の美しさではありません。**他のユーザーのおすすめや検索一覧に自分の投稿が表示されたとき、ひときわ目立つような文字、つまり投稿のタイトルを入れる**ことです。

タイトルを入れる前の元の画像は、スマートフォンなどで撮影した写真で十分です。スマートフォンに保存されている過去の写真を使ってもいいですね。インターネットで無地の画像素材を入手することもできるので、それを使ってタイトルを目立たせてもいいです。

タイトルの内容は、コンセプト作りと同じように、Amazonの書籍レビューや同業者のブログから言葉を探して、かけ合わせて自分らしい言葉を作りましょう。慣れてくると、3分ほどあればタイトルが決まります。

画像とタイトルが決まったら、文字入れの作業に入ります。最近は簡単に画像に文字入れができるスマートフォンアプリがそろっています。私が使っているのは「Phonto　写真文字入れ」という無料アプリです。

タイトルは、画像の7割くらいを文字で埋めるイメージで入れます。行数は読みやすさを考慮して3行くらいがいいです。使用する元画像とタイトルさえ決まっていれば、1分程度でタイトルがつけられます。

ここまでの所要時間は、多めに考えてもトータルで4分程度あれば投稿画像が仕上がります。

投稿する文章を書く

画像が決まったら、次は投稿する文章です。

Instagram 集客を始めたばかりの人がやりがちな失敗が、「長い文章にしなければならない」と思って余分な時間と手間をかけてしまうことです。その揚げ句、途中で投稿自体をやめてしまうこともあります。

SNS 集客で大切なのは、継続して発信を続けることです。投稿をやめてしまっては元も子もありません。

文章の長さは、だいたい **300 字から 500 字くらい**が目安です。これなら 5 分から 10 分程度で書けて、投稿を見ている人も 1 分ほどで読めます。投稿を読むのにかける時間について自社でテストした結果、Instagram のユーザーは、1 分で読める分量なら最後まで読んでくれる人が多いことがわかっています。

Instagram の投稿には 2 種類あります。1 回投稿すれば削除しない限りずっと残る「通常投稿」と、画面の上部に別枠で表示されて、投稿から 24 時間経てば消える「ストーリー投稿」です。

投稿の内容は、投稿の種類に応じて変える必要があります。

通常投稿の内容

通常投稿には、**見込み客にとってのお役立ち情報**を書きます。その理由は、投稿した直後だけでなく、数日後にその投稿を見た人も、お役立ち情報であれば興味を惹きつけられやすいからです。

他の人の投稿をイメージすればわかると思いますが、趣味や生活のことは一瞬しか興味を惹くことができません。通常投稿ではあえて書かないようにしてください。

お役立ち情報の文章を書くときには、コンセプト作りや画像のタイトルを決めるときと同じように、Amazon の書籍レビューやブログから言葉を調べて組み合わせ、自分なりの文章にします。

コンセプトや画像のタイトルと違うのは、少なくとも300字と、長めの文章を書かなければいけないということです。うまく書くコツとして、最後に自分の感想を多めにつけ加えるという方法があります。例えば、「ここまで書いたことを私はいつもやっているんですけど、とても効果が感じられて毎日が楽しくなりました。おすすめです」というようなことを最後に書きます。その後にハッシュタグで関連する単語をつけるだけで、文字数を増やせる上に、投稿内容を考える時間が削減できます。

ストーリー投稿の内容

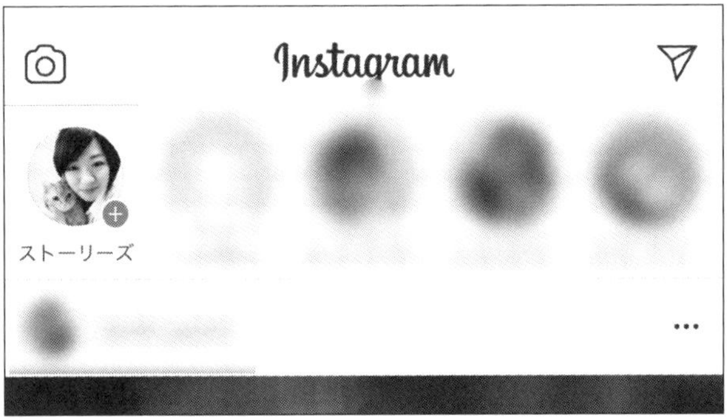

ストーリー投稿の位置

ストーリー投稿は、通常投稿とは違う内容を書きます。図の「ストーリーズ」と表示されている部分がストーリー投稿です。ストーリー投稿は24時間で消えるので、リアルタイムに自分のことを知ってもらえます。ストーリー投稿では、**趣味や生活のことをどんどん書いてください。**

例えば、「公園に散歩に行った」とか「今日はケーキを食べた」などでもいいです。商品・サービスを販売している人の生活がわかると、投稿を見ている人にとっては身近に感じられて、距離感が狭まります。

ストーリー投稿は、投稿後24時間以内であれば消えないまま残ります。そのため、多すぎると見ている人が飽きて離れてしまう恐れがあります。1日1～3回程度にするのがいいでしょう。

私の講座の受講生から、「ストーリー投稿はせずに、通常の投稿だけをしてもいいですか？」という質問をよく受けます。しかし、ストーリー投稿はぜひ活用するべきです。

ストーリー投稿は、映画に例えるなら、撮影の舞台裏、つまり俳優たちの待機時間の過ごし方や、監督と俳優の日常会話を見せるようなイメージです。要するに、**ストーリー投稿では主にプライベートなことを発信することで、お役立ち情報を発信する通常投稿とのギャップを見せる**のです。ギャップのある人は日常生活だけではなく、インターネット上でも魅力的に感じられます。

ただし、頻度にさえ気をつければ、ストーリー投稿で商品・サービスの告知を入れることも可能です。しかし、毎回告知ばかりだと、フォロワーに「うっとうしい」と思われてフォローを解除されてしまう危険性があります。ストーリー投稿での告知は、最大でも週に２回に留めてください。

投稿するときに気をつけるポイント

投稿する時間帯

投稿する時間帯はいつでもいい、投稿頻度は高ければ高いほどいい、というわけではありません。

基本的には、自分のターゲット、すなわち**見込み客になりそうな人がInstagramを見ている時間**に投稿しなければなりません。

例えば、見込み客が子ども用のハンドメイド用品を作っているママさんだったとします。彼女たちがランチタイムの後によくInstagramを見るのであれば、早朝や深夜より、昼の14時頃に投稿した方が見てもらえる確率が当然上がりますよね。

とは言っても、最初は見込み客がSNSを見ている時間帯がわからない人がほとんどでしょう。まずはいろいろな時間に投稿してみて、どの時間帯に一番「いいね」やコメントがつきやすいか観察してみてください。

それでも投稿に適した時間がわかりにくい場合、私のおすすめの時間帯は18時前後です。自社調査によれば、Instagramを見たり投稿したりする人が最も多いのは、18～22時という結果が出ています。ただこの時間帯は他の人もたくさん投稿するので、自分の投稿が埋もれる可能性があります。そのためInstagramを見ている人の多い時間帯の中で最も早い18時頃に投稿するのがおすすめです。

投稿する頻度

投稿頻度は、**最低でも週に5日、できれば毎日続けましょう**。通常投稿は1日1回、ストーリー投稿は1日1～3回投稿するのがちょうどいいです。

継続して投稿し続けることで、おすすめの投稿に表示されやすくなります。Instagramでは、ブログやWebメディアのように検索で上の方に自分の投稿を持ってこられるような直接的な方法は判明していません。そのため、最初は効果がないように感じられるかもしれませんが、やめずに続けていくと、徐々におすすめの投稿に表示されることが増えてきます。

ハッシュタグをつける

ハッシュタグは、投稿文の最後につけることで、他の Instagram ユーザーがその単語で検索したときに、検索結果に自分の投稿が表示されるようにするものです。投稿するときに、投稿文の中で「＃」の後に投稿内容に関係した単語を入れると、その単語がハッシュタグになります。

例えば「＃猫」というハッシュタグをつけて投稿すると、誰かが「猫」と検索したとき、その検索結果にハッシュタグをつけた自分の投稿が表示される可能性があります。そこから、相手が自分のことをフォローしてくれるかもしれません。見込み客から自分の投稿を見つけてもらいやすくするために、ハッシュタグを活用します。

Instagram は、1つの投稿に対してたくさんのハッシュタグがつけられます。ハッシュタグをつけられる上限は 30 個ですが、15 個ぐらいつけるのが最もいいです。なぜなら、これより少ないと見込み客が検索しても自分のことを見つけてもらいづらく、これより多いと逆におすすめに表示されづらくなるからです。個数に気をつけながら、自分の投稿内容に合ったハッシュタグをつけましょう。

見込み客を探して自分からフォローする

「いいね」から見込み客を探す

見込み客にフォローしてもらうためには、自分からフォローしてフォローバックしてもらうという方法があります。自分の商品・サービスに関心を持ってくれそうな人を探してフォローする方法はシンプルです。

まず、自分の商品・サービスに関係する言葉を、ハッシュタグ検索します。そして、自分の商品・サービスに関係する内容の投稿を見つけたら、「いいね」ボタンに目を向けます。「いいね」ボタンを押すと、その投稿に「いいね」を押した人たちの一覧が表示されます。その人たちを上から順番にフォローしていくのです。こうすれば、**自分の商品・サービスに興味を持ってくれそうな人たちに直接アプローチ**していくことができます。

また、同じ方法で検索して同業者の投稿を見つけて、その投稿に「いいね」をつけている人をフォローしていくのも有効です。その同業者をフォローしている人をフォローするのもいいです。**同業者の投稿に興味を示している人たちは、自分にとっての見込み客にもなりえる**からです。

この手法は、直接的なアプローチという意味で、お客さんの家を回ってポストにチラシを投函していく営業方法と同じ、プッシュ型と呼ばれる営業の一種です。しかし、Instagramでフォローをする手法では、チラシのように見ずに捨てられることもなく、「自分をフォローした人はどんな人だろう？」とプロフィールや投稿を見てもらえるきっかけになります。

フォローしない方がいいアカウント

フォローする人を選ぶときには、注意するべきこともあります。

詳しい数や基準は公開されていませんが、１日にできるフォローの数には上限があります。そのため、より多くの見込み客をフォローするためには、フォローしても効果が出にくいアカウントは避けた方が無難です。例えば、以下の３つのタイプのアカウントには注意しましょう。

①外国語のアカウント

自分の見込み客が外国人なら話は別ですが、それ以外なら、フォローしてもあまり集客は期待できません。日本語が通じない相手では、LINE公式アカウントに誘導できたとしても、営業をかけられない可能性があります。

②大企業の公式アカウント

大企業の場合はプロフィールのアイコンで社名がわかることが多いです。大企業をフォローしない方がいい理由は、大企業が自分の商品・サービスを受注する可能性はとても低いからです。

③非公開アカウント

Instagramには、世界中に公開されて誰でも見られるアカウントだけではなく、非公開のアカウントというものもあります。これは、自分の投稿を公開せず、フォロワーにだけ見せるように設定しているアカウントです。Twitterにも同じような機能があります。

どうして非公開アカウントをフォローしないのかというと、非公開アカウントを使っている人はあまりInstagramを見ていなかったり、投稿していなかったりする可能性が高いからです。

フォローをするときに、非公開アカウントを簡単に見分ける方法があります。他のユーザーのアカウントをフォローする場合は青いボタンを押してフォローしていきます。公開アカウントならそれでフォローができますが、中には、ボタンを押すと「リクエスト済み」と表示されるアカウントがあります。これが非公開アカウントです。もう一度押すと元に戻り、フォローのリクエストを取り消せます。

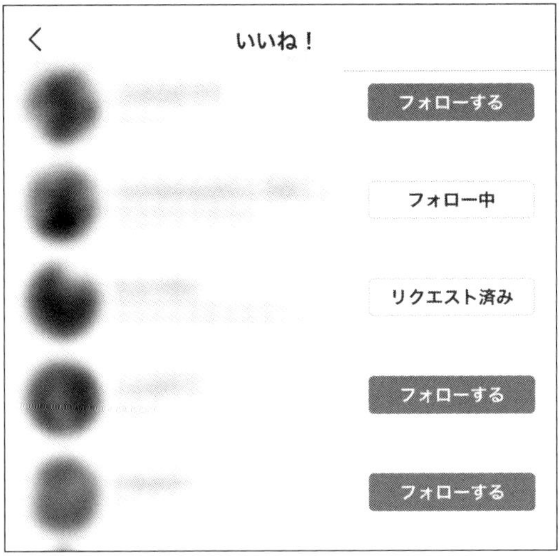

非公開アカウントをフォローすると「リクエスト済み」と表示される

Instagramを使っているとき、短時間でフォローをし過ぎると、ペナルティとして利用制限がかかる場合があります。利用制限がかかる目安は1時間に200フォロー以上ですが、基準はユーザーによって異なります。

利用制限がかかるのを避けるために、「いいね」は24時間で1000以上、他の人の投稿へのコメントは1時間に15以上はしない方が無難です。

利用制限がかかると、その期間中は投稿やフォローができなくなってしまい、せっかく本書で得たノウハウを活かせなくなってしまいます。この点は心に留めておきましょう。

第4章

Twitterで
コミュニケーションしよう

Twitterの特徴を知って集客に活用する

利用者数が多い人気のSNS

さて、世界中で利用者の多いSNSと言えば、Instagramの他にはTwitterがあります。前章で、Instagramがこの数年で幅広い世代の人たちが利用するようになり大きく変わってきたことについて述べました。この現象は、実はInstagramに限ったことではありません。

Instagramも Twitterも、まだ公開して15年以内の新しいSNSですが、今では世界中のさまざまな年代の人たちの間で盛んに使われるようになり、年々ユーザー数が増えています。

Twitterは利用者数がとても多いSNSなので、集客のために使えばたくさんの見込み客にアプローチできます。

日本語版Twitterの公式アカウントの発表によれば、国内におけるTwitterの月間利用者数は、2017年10月で4500万人を超えています（Twitter Japan（@TwitterJP）のツイートより参照。投稿日2017年10月27日）。一方、Instagramの月間利用者数が2019年3月時点で約3300万人です（Facebookニュースルーム「Instagramの国内月間アクティブアカウント数が3300万を突破」より参照。記事公開日2019年6月7日）。

このように、Instagramと比べてみても、Twitterがたくさんの人に利用されていることがわかります。Instagramと同時に、Twitterも集客に活用することをおすすめします。

Twitterで見込み客とコミュニケーションする

Twitterは単に集客するだけではなく、自分の商品・サービスに価値があることを示すブランディングにも効果があります。

Twitter と Instagram の大きな違いは、**Twitter には拡散機能がある**ことです。Twitter ではユーザー各自の投稿を「ツイート」と呼び、ツイートを他のユーザーが拡散する機能を「リツイート」と呼んでいます。自分のツイートがリツイートされると、自分のフォロワー以外の人の目にも触れるのです。

リツイートが増えると、どんどん自分のツイートが拡散され広がっていくこともありえます。何千、何万の「いいね」やリツイートがされる、"バズる" と呼ばれる現象もこうやって起きます。

第 3 章のテーマだった Instagram 集客では、ハッシュタグによって自分の投稿をたくさんの人に見てもらえると述べました。自分の投稿に多くユーザーの注目を集めるには、Instagram ではハッシュタグ、Twitter はリツイートの拡散機能に効力があります。

また、Twitter の拡散機能としては、リツイートだけではなく、他の人のツイートに感想や意見をつけてリツイートできる機能「引用リツイート」もあります。

引用リツイートをすると、他の人のツイートを提示しつつその感想を書くことができます。その引用リツイートが元のツイートの投稿者や他のユーザーにリツイートされれば、自分の存在をたくさんの人が知ることになります。こうして、Twitter での認知度が向上します。

そうすると、やがてたくさんの相手と Twitter 上でコミュニケーションを取れるようになり始めます。

自分のツイートに好意的なコメントや引用リツイートをくれた人に、お礼を言うのも 1 つのコミュニケーションになります。いつも自分のツイートに「いいね」をくれる人がツイートしていれば、自分がそれを引用リツイートすることもコミュニケーションです。こうして、**だんだんと自分と他のユーザーとの距離が近くなります**。

このようにコミュニケーションの機会が増えることは、拡散機能のない Instagram ではなかなか望めないことです。この点で、私は Twitter のコミュニケーションツールとしての利用価値は、Instagram以上だと思っています。

短文で何度も投稿できる

2010年頃にTwitterが日本で普及した時、一番驚かれたことと言えば、あまりにも少ない文字数でした。他のSNSでは例を見ない、Twitterの最も際立った特徴であると言えるでしょう。

現在のTwitterでは、日本語でツイートする場合、1つのツイートにつき140字までしか書けません。一方、Facebookは6万3206字まで、Instagramは2200字まで書けるので、もっと長文で投稿することができます。

ただ、短文で投稿しなければならないからこそ、得られるメリットがあります。**Twitterは、1日に複数回投稿しても、見ている人たちから「うざい」と思われにくい**のです。前の章で、Instagramは1日にたくさん投稿するとうっとうしがられるかもしれないので1日1回の投稿で十分だと説明しました。しかし、Twitterではこの原則は変わります。

Twitter集客をしようと思っている人は、最低でも1日5ツイート、毎日必ず投稿しましょう。後述するように、Twitterを始めてから最初の段階ではフォロワーが増えにくいので、多くツイートすることで大勢の人に見てもらえる可能性を高めるためです。また、他の人のツイートにも「いいね」やコメントを積極的につけることで自分の存在をより多くの人に知ってもらいます。このように、少しでも**見込み客に自分のプロフィールやツイートを見てもらう機会を増やす**ことを心掛けます。

Instagramとの比較

Twitterと Instagram、2つのSNSを同時に始めるのは、慣れていないうちは負担のかかることかもしれません。無理して両方を同時に始める必要はなく、慣れるまではInstagramだけでも大丈夫です。

しかし、より効果的にSNSを使った集客をするためには、ぜひどちらのSNSも活用していただきたいです。なぜなら、TwitterにはInstagram

とは違った特徴があるからです。

Instagramと同様に、Twitterのフォロワーの推移についても自社で分析をしてきました。すると、InstagramよりTwitterの方がフォロワーを増やすのに時間がかかるという結果が出ました。

これはTwitterの場合、自分からフォローしても、フォローバックしてくれることがInstagramと比べると少ないのが理由のようです。Twitterは、フォローしなくてもその人の投稿を日常的に見られるリスト機能があるからかもしれません。したがって、Twitterはフォローバックに頼ってフォロワーを増やすのはあまり得策ではありません。

さらに、Twitterはフォローバックしてくれないユーザーが多いだけではなく、Instagram以上にフォロワー数とフォロー数の差をユーザーが重視しがちなツールでもあります。要するに、自分のフォロワー数がフォロー数よりあまりに少ないと、他のユーザーから「この人の発信する情報は魅力がない」と思われてしまうのです。ですから、フォロワー数を伸ばしながら、フォロー数はフォロワー数より下に留めておかないといけません。

Twitterと比べると、Instagramはフォローバックしてくれるユーザーが多いSNSです。そのため、どれだけ早く集客効果を出すかという即効性の面では、Instagramの方がTwitterを上回ります。

しかし、繰り返しになりますが、Twitterはコミュニケーションツールとしての強みがあります。知らない人のツイートに対して「いいね」やコメント、引用リツイートといったアクションを起こすことは、Twitterではハードルが低いことです。

ビジネスで売上を伸ばすために必要なのは集客、集客のために欠かせないのが見込み客とのコミュニケーションです。

Twitterをする目的は、見込み客とのコミュニケーションによって自分に価値を見出してもらい、LINE公式アカウントの友だち登録に誘導して、商品・サービスの購入に結びつけることです。

Instagram、Twitterそれぞれを比較した上で、まずはInstagramから始め、その次にTwitterを始めて同時進行で集客効果を狙うのが最も効率的だと私は考えます。

Twitterは慣れるのに時間がかからない比較的簡単なSNSです。これから解説する集客ノウハウさえ習得すれば、先に始めたInstagramとの相乗効果で､購入意欲の高い見込み客を得られるきっかけがつかめます。

業種による使い分けは必要ない

業種によってTwitterとInstagramのそれぞれで集めたお客さんの数に大きな差が出るということはありません。ただし、2020年の現時点では、Instagramは商品を販売している人、Twitterはコーチングやコンサルタント業をしている人がよく使っているようです。

しかし、ユーザーの傾向は時代と共に変化する可能性が高く、SNSを集客で使うときには気にしなくても構いません｡「私は店舗経営者だからTwitterにしよう」「私はコンサルタントをしているからInstagramにしよう」などと考える必要はまったくないのです。

Instagramは手間をあまりかけずフォロワーを集めることができて、Twitterは拡散力があり見込み客とコミュニケーションを取りやすいという長所があります。業種によらず､どちらのSNSもうまく使って、それぞれの長所を活かすことが大切です。

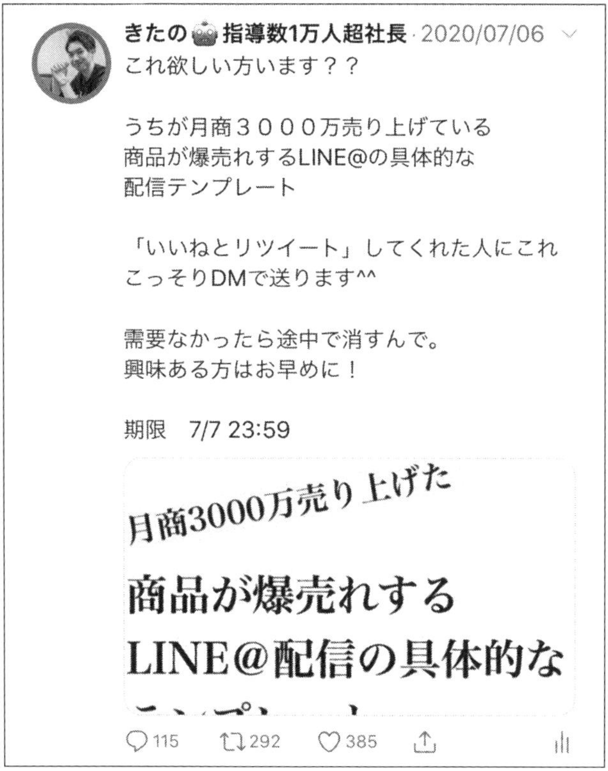

Twitterはリツイートなどによる拡散力が魅力

Twitterで
フォロワーを増やす仕組み

フォロワーを増やす方法

Twitterでは、リツイートや引用リツイートのような拡散機能によって、フォローされていないユーザーにも自分のツイートを見てもらえることがあります。しかし、見込み客と継続的にコミュニケーションをしてLINE公式アカウントに友だち登録してもらうには、フォロワーが多い方がいいです。

また、Twitterは Instagramよりフォローバックを期待しにくいSNSです。さらに、フォロー数に比べてフォロワー数が少ないと、新しくフォローしてもらうのが難しくなります。しかし、それでもTwitterでフォロワーを増やすためにできることがあります。

Twitterのユーザーにフォローされる経路は、**①リツイートから、②コミュニケーションから、③フォローから**、の3つに分けられます。見込み客に自分のアカウントをフォローしてもらうために、この3つの流入経路を理解しましょう。

①リツイートから

自分のツイートがリツイートされると、まだフォローされていない多くの人に見てもらうことができます。その中で、ツイートの内容に興味を持った人が投稿者のプロフィールを見て、フォローすることがあります。

このように、**リツイートによって投稿が多くの人の目に触れ、そこからプロフィールを経由してフォローしてもらう**という方法があります。

リツイートからフォローしてもらうには、一目見て好印象を与えてフォローしたいと思われるような、プロフィールを作ることが重要です。

また、リツイートしてもらえるようなツイートを日頃から投稿することも必要です。見込み客にフォローしてもらえるようなプロフィールやツイートの作り方は、この後詳しく説明します。

②コミュニケーションから

自分が誰かのツイートに「いいね」や返信（リプライ）をすることで、自分のプロフィールを見てもらうきっかけを作り、フォローしてもらうという方法もあります。

Twitterのユーザーは、フォローしていない相手からいいねや返信があると、その相手がどんな人なのか気になってプロフィールを見ることが多いです。プロフィールの内容に好印象を持てば、フォローします。

コミュニケーションからフォロワーを増やすためにも、魅力的なプロフィールが大事です。ただし、それだけではなく、自分のビジネスに興味を持ってくれそうな見込み客を見つけて、自分からコミュニケーションを取ることが必要になります。コミュニケーションの方法については、章の後半で解説します。

③フォローから

Twitterでは、Instagramと比べればフォローバックしてもらうのが難しいとはいえ、自分がフォローしてもらうことだけを考えるのではなく、**自分から他のユーザーに自分を知ってもらうきっかけを作る**ことが大切です。

フォロー数よりフォロワー数の方が上でなければならないと先ほど言いましたが、フォローされるのを待つだけでは結局のところフォロワーはあまり増えません。最初のうちは、フォロワー数を気にしすぎずに、自分からフォローすることも必要なのです。

他のユーザーのツイートに「いいね」やリプライをするときと同じように、自分の商品・サービスに興味を持ってくれそうな人を見つけてフォローしましょう。自分がフォローしたことによって相手に通知が来て、フォローし返してくれるかもしれません。このときにも、プロフィールの内容がとても大事になります。

フォローするときの注意点

③のように自分からフォローをするときには、注意しなければいけないこともあります。

Twitterでも、1日に規定のフォロー数を超えると、利用制限がかかることがあります。1日にフォローできる数の基準はInstagramと同様にTwitterも公開していないのですが、私の経験上、1日あたり30人以内であれば問題ありません。

フォローするときは、自分が「いいね」やリプライをつけたユーザーからフォローを始めしょう。

優先的にフォローしたいのは、フォロワーが1000人以上いるユーザーです。彼らを20人程度フォローします。

それから、フォロワー数1000人以下のユーザーも20人程度フォローします。これだと、トータルで1日40人フォローすることになってしまって多すぎるので、日を分けてフォローします。

フォロワー数の少ないユーザーをフォローする理由は、フォロワーの多いアカウントばかりフォローしていても、フォローバックしてくれる可能性が低いからです。

また、自分のツイートによくリプライをくれる人がいれば、利用制限がかからないように日を分けつつ、フォローした方がいいです。リプライをくれるということは、少なからず自分のアカウントに興味を持ってくれているということを意味します。

見込み客の興味を惹くプロフィールを作成する

わかりやすいプロフィールの内容

プロフィール文の内容に触れる前に、Twitterでプロフィールを作る際の基礎知識を知っておきましょう。

まず、プロフィールの文字数の上限はツイートより20字多い160字です。とはいえ通常のSNSより文字数が少ないことに変わりなく、**限りのある字数の中で、たくさんの人に興味を持ってもらえるようなプロフィール文**を作成しなければなりません。

プロフィール作成時、まずやることは第2章で作り上げた「○○の人のための△△専門家」というコンセプトを入れることです。プロフィールを見たときにすぐに目につくように、一番最初に入れてください。この点は前章で述べたInstagramのプロフィール作成と同じです。

次に入れたいのが、自分の生い立ちです。自分はこのような幼少期を過ごして、中学や高校時代はこんな感じでという内容を、簡潔に書いてください。

私自身も自分のアカウントのプロフィール文で実践してみました。すると、過去の私を知ってもらえたことで、私が提供している商品・サービスへの信頼度が増し、フォロワーが増えました。

過去の自分の後は、現在の自分を書きます。最後に、どんな商品・サービスを提供し、どういった成果が出て、今の私の状況はどうなっているかを説明しましょう。

次の画像は、自社で集客効果を確認する意味も兼ねて運営しているTwitterアカウントのプロフィール画面です。

Twitterのプロフィールの例

プロフィール文は､「コンセプト→生い立ち→現在」の流れになっています。非常にシンプルで、要点がわかりやすい文章です。

ヘッダーとアイコンの設定

スタッフのプロフィールを見ると、プロフィール文の上に横長の画像があります。これは「ヘッダー」と呼ばれています。Twitter では､ヘッダーをどのような画像にするかも重要です。

ヘッダーは例えるなら、自分の店舗やビジネスの看板です。料理店であれば料理をしている写真、コーチングならホワイトボードを背景にマーカーを持ちながら教えている写真など、自分がどんなビジネスをしているか一目でわかる画像にしましょう。

ヘッダーに適した写真が思いつかない場合は、Instagram の章で紹介した｢Phonto　写真文字入れ｣などの簡単に文字入れできるアプリを使い、白色の画像を背景にして、コンセプトのキャッチコピーを文字で入れても OK です。

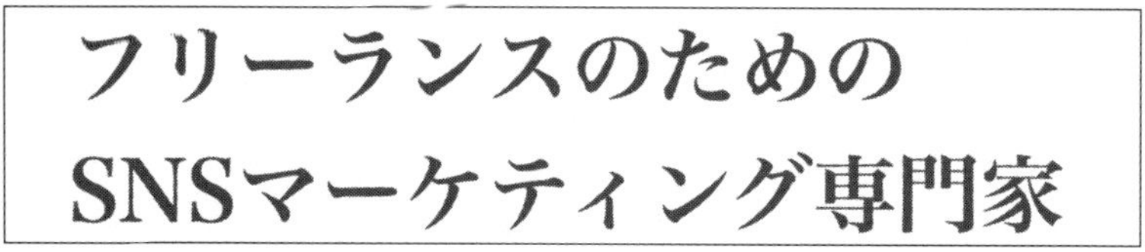

白い背景に文字を入れたヘッダー

ヘッダーの下には、SNSにおける自分の「顔」であるアイコンがあります。

インターネット上に顔を出しても問題なければ、明るい印象に見える顔写真をここに入れましょう。顔を出したくない人は、自分のイメージを図にしたロゴマークや写真を入れてください。

ロゴマークについては、自分で作る人やデザイナーに依頼する人もいますが、フリー素材からロゴマークを持ってきて入れてもいいです。

自分を初めて知ったユーザーが見るものは、プロフィール文、ヘッダー、アイコンの３つです。彼らはそれらの情報から一瞬でフォローするかどうかを判断します。

URLをプロフィールにしか載せられないInstagramと違い、Twitterは、プロフィール文やツイートの中など、いろいろなところにURLが載せられます。どこにLINE公式アカウントやホームページのURLを入れてもいいのです。この点はInstagramより自由度が高いと言えます。

まずは、プロフィールのURL欄に、LINE公式アカウントやホームページなど、見込み客を誘導したいURLを記載しておきましょう。

こうしてプロフィールができあがったからといって、それで終わりではありません。

Twitterを始めた後、**１週間に１度は、自分のアカウントのフォロワー数をチェック**しましょう。そこであまり増えていないと感じれば、プロフィールの書き方を少し変えてみて、最もフォローしてもらいやすいプロフィール文はどのようなものかを分析してみてください。

固定ツイートの活用

Twitterの特徴として、プロフィールの下にずっと固定して掲載しておける「固定ツイート」という機能があります。

固定ツイートは、他のツイートをしても変わらず、ずっと自分のプロフィールの下に表示されます。ですから、**第2のプロフィール欄**とも言えます。これをフル活用しない手はありません。

固定ツイートにはフォローしてほしい人、つまりは見込み客に見てほしい記事のURLを入れる使い方が効果的です。

具体的に言うと、店舗経営者なら店舗の公式ホームページ、コンサルティングを生業にしている人ならイベントの告知ページなどが適しているでしょう。

私の場合はLINE公式アカウントのURLと、「今LINE公式アカウントに登録すると、プレゼントがついてきます」という内容を書いたツイートを固定ツイートにしています。プレゼントについては6章で具体的にお話します。

ただ、固定ツイートの内容については例外もあります。Twitterを始めてすぐの人や、フォロワーが500人以下の人は、別の内容を載せた方がいいのです。

まだフォロワーが少ない人は、まずは自分のことを、自分のプロフィールにアクセスした人に知ってもらわなければなりません。固定ツイートには、自己紹介文を載せた方がいいでしょう。フォロワーが500人を越えてから、誘導したいURLを載せた固定ツイートに切り替えます。

固定されたツイート
きたの🤖指導数1万人超社長 · 2020/06/05
【僕が起業したきっかけ】
幼少期に両親が離婚し、女手一つで育ててくれた母に恩返しがしたいという想いが昔からありました
しかし当時は、有名人になってお金を稼ぎたいという気持ちが強かったです
最初は役者になろうと、俳優を目指しながら飲食店でバイトしたんですが...
peraichi.com/landing_pages/...

固定ツイートの例

固定ツイートの設定はとても簡単です。まず、固定ツイートにしたい内容を通常のツイートとして投稿した後、そのツイートの右上にあるマークをクリックします。すると、「プロフィールに固定する」という表示が出るので、そこを押せばそのツイートが固定ツイートになります。

プロフィールと同じように、1週間単位でフォロワーの増減を見ながら、必要に応じて固定ツイートの内容を変えていくことをおすすめします。

すき間時間を活用してツイートする

1日5ツイートでOK

プロフィール文、ヘッダー、アイコン、固定ツイートが決まったら、いよいよ通常のツイート文作成に入ります。

集客のためにTwitterを使うなら、原則として**1日5ツイートを投稿**します。1日5ツイートとは言っても、ツイート作成にかかる時間は1日の合計で30分程度あれば十分です。Instagramと同じように、日々のすき間時間にTwitterを使ってください。

Instagramの通常投稿では、お役立ち情報を発信すると説明しました。Twitterでは、お役立ち情報に加えて、Instagramのストーリー投稿のようなプライベートな内容もツイートしましょう。Twitterはコミュニケーションツールなので、親近感を持ってもらうことが大事だからです。

1日5ツイートの内容の内訳は以下の通りです。どの内容の投稿でも、文字数制限140字ぎりぎりまで書かなくても問題ありません。

①あいさつを1回

「おはようございます。今日も1日がんばりましょう」

5ツイート中1つは、こういった日常のあいさつを投稿します。

②プライベートの内容を2回

Twitterには Instagramのようなストーリー投稿機能はありません。プライベートな内容も、通常のツイートで毎日2回発信しましょう。

ただ、投稿内容が思いつかないようであれば、Instagramのストーリー投稿と同じ内容をTwitterに投稿しても問題ありません。

また、Twitterは画像だけではなく動画も投稿できます。動画をつけてツイートすると、フォロワーに親近感を抱いてもらえます。動画は2週間に１度くらい投稿するといいです。

最近はペットや動物の動画を出すと、見る人が増える傾向があるようです。ペットがいなければ他のものでもいいので、動画になりそうなものがあればスマートフォンで撮っておきましょう。

③コミュニケーションの話題を１回

繰り返し強調しておきますが、Twitter はコミュニケーションツールとして有効です。ですから、１日１ツイートは必ず、フォロワーや、今はフォローされていなくてもこれから見込み客になってくれそうな人とのコミュニケーションに繋がる話題が必要なのです。

Twitter の検索窓で自分のビジネスに関係のある言葉を検索し、興味のあるツイートを見つけて、その感想を投稿します。すると、コメントが来たりリツイートしてもらえたりすることがあります。このようなコミュニケーションが、フォロワーを増やす土台作りにもなります。

④引用リツイートを１回

他の人のツイートに好意的な言葉を入れて引用リツイートすると、元の投稿者がそれをリツイートしてくれることがあります。そのとき、自分の引用リツイートを見るのは自分のフォロワーだけでなく、元の投稿者のフォロワーにも見てもらえます。

フォロワーが少ない人の投稿を引用リツイートしても、多くの人の目に触れません。しかし、フォロワーがたくさんいる人であれば、その人がリツイートすることによって、たくさんの人が自分の存在を知ります。

前もってフォロワー 1000 人以上の人を何人かフォローしておいて、１日１回引用リツイートするようにしましょう。

ツイート文の作成

ツイートの文章を作成する際には、140 字の文字数制限があることと、コミュニケーションツールとして集客に生かすために使っていることを忘れないように注意しながら作成してください。

また、文章の細かい点も意外と大事です。例えば、ツイートする文章の雰囲気です。私はビジネスで使うような敬語ではなく、**友だちと話すような話口調**でツイートすることをおすすめしています。ツイートを見ているフォロワーの中にいる見込み客に、親近感を持ってもらうことが目的です。ツイートの文体が丁寧すぎると、見込み客が距離感を感じてしまう恐れがあります。
「ですます」調でももちろん構いませんし、敬語ではなくても OK です。どちらにしても親しみをこめた文体を心掛けてください。

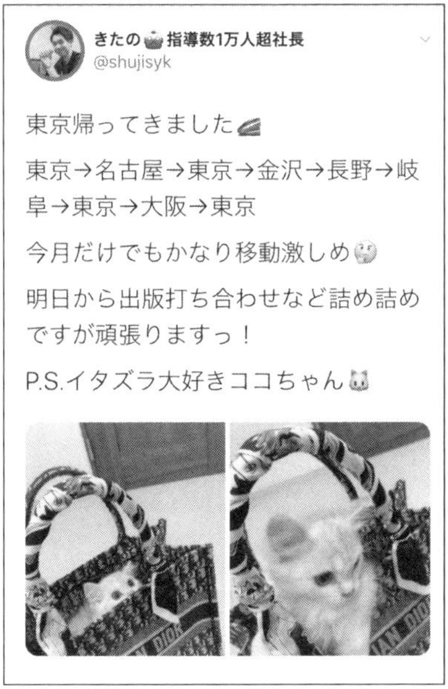

Twitterでは親近感を出す

写真については Instagram で身についた習慣で、載せなければならないと思い込んでしまいがちです。しかし、Twitter では必ずしも画像や動画を載せなくても投稿できます。
ただ、自分のビジネスの業種によって、画像や動画を載せるか載せないか検討しましょう。例えば、飲食店であれば写真付きでレシピを載せると集客効果が高まるかもしれません。また、筋トレのコーチであれば、数分でできるトレーニング動画を掲載すると好影響が期待できます。

投稿する時間帯

時々見かけるのが、1度ツイートしてから時間をあけずに連続してツイートする人です。フォロワーの立場になって考えてみると、Twitterを開き、同じ人のツイートばかりが連続して並んでいれば、うんざりしてフォローを外したくなってしまうでしょう。そうなると、LINE公式アカウントに登録する前に、フォロワーが離れていきます。

したがって、適切に時間の間隔を空けて投稿することは意外と重要なのです。

投稿におすすめの時間帯は、7:00、11:30、17:30、23:00です。朝は通勤途中、昼はランチタイム、夜は仕事が終わった後にSNSを見る人が多いからです。

ただ、これらの時間帯は、Twitterを見る人だけではなく、ツイートをする人も多いので、自分のツイートが他の人のツイートに埋もれてしまうかもしれません。それを避けるためには、若干早めの時間帯である7:00、11:30、17:30に投稿した方が、より多くの人に見てもらいやすいです。

また、23:00は寝る人が増え始める時間です。この時間以降は、Twitterを見る人、ツイートをする人の両方が少なくなります。だから、この時間帯に投稿すると、フォロワーが朝起きた時に最初に自分のツイートを見てもらえる可能性が高くなります。

1日5回ツイートするように説明しましたが、私のおすすめの時間帯は以上の4つです。あと1つの時間帯はいつかと言うと、読者の皆さんが、それぞれ**自分の見込み客を分析して、適切な時間を見極めていただきたいのです**。

Twitterには、自分のツイートを見ている人の数や反応した人の数がわかる「インプレッション機能」があります。これを確認すれば、自分の見込み客であるフォロワーは、どの時間帯にツイートを見ている人が最も多いのかわかります。ぜひインプレッションを参考にして、自分のフォロワーを分析し、最も適切な投稿時間を見つけましょう。
インプレッションを見る方法は、この章の最後で詳しく紹介します。

そうやってツイートする時間帯が決まったら、なるべく毎日ツイートする時間を固定してください。
忙しくて同じ時間にツイートするのが難しい場合は、予約投稿をすることもできます。予約投稿をする手段として、Twitterルールに100%準拠したマーケティングツール「Social Dog」(運営：株式会社 AutoScale)などがあります。無料プランは10ツイート、有料のBasicプランは30ツイート、Proプランでは無制限で予約投稿ができます。

トレンドになっているキーワードを入れる

投稿するときには、「トレンド」も意識しましょう。Twitterのトレンドとは、その時間にTwitterで多くツイートされている言葉の一覧です。
Instagramと同じようにTwitterにも虫眼鏡ボタンがあります。そこを押すと、上部に検索窓、その下に「トレンド」「ニュース」「スポーツ」などの言葉が並びます。その中から「トレンド」を選んで押すと、今どんなキーワードでツイートしている人が多いのか、一目でわかります。
トレンドになっているキーワードはその時に注目している人が多く、**キーワードの入っているツイートはいろいろな人に見てもらえる可能性が高い**です。トレンドのキーワードを入れたツイートを投稿してみましょう。
例えば、トレンドのキーワードの中に「動物園でパンダ誕生」があったとします。直後に自分がツイートするとき、パンダに関係のある内容にして「パンダ」のハッシュタグをつけると、そのツイートを見る人は通常より増加します。
ただし、ハッシュタグをつける際には注意が必要です。Instagramと異なり、Twitterではハッシュタグをたくさん入れる人は少ないというのも理解しておいてください。Instagramと同じ感覚で15程度ハッシュタグを入れていると、ツイートが悪目立ちする可能性があります。Twitterで入れるハッシュタグは多くても3つまでにしましょう。

投稿しない方がいい内容

Twitterは短文で気軽に投稿できて、プライベートな内容を投稿することも多いです。だからこそ、自分のビジネスに傷がつく投稿はしないように気をつけなければなりません。これはTwitterに限ったことではありませんが、Instagramのストーリー投稿と違ってツイートはずっと残るものなので、特に注意が必要です。

例えば、ダイエットのトレーナーが、スイーツビュッフェに行ってたくさんのケーキを食べるといったような投稿はやめた方がいいかもしれません。

ただ、内容を気にしすぎてツイートするのが怖くなり、Twitterを途中でやめてしまってはもったいないです。自分のビジネスでこれを発信するのは絶対にだめだろうと思うこと以外は、基本的に自由にツイートしてください。Twitter集客で何よりも大切なのは、1日5ツイートを継続することだからです。

ユーザーと積極的にコミュニケーションする

他の人のツイートに「いいね」する

せっかくツイートを継続しても、フォロワーが少なければ多くの人に見てもらうことはできません。見込み客に自分のアカウントを見つけてもらい、フォロワーになってもらうためには、**積極的に他の人のツイートに「いいね」やリプライをつけましょう**。

まずは、自分のビジネスに関係のある言葉で検索をかけてみると、だいたいの人がすぐに参考になりそうなツイートを見つけられるはずです。

そのツイートをしている投稿者のプロフィールと他のツイートを読めば、その人が自分と興味、関心が近いかどうかわかります。それから、その人が自分と性別も同じかどうかもチェックします。同じであれば、その人のフォロワーや、その人のツイートに「いいね」をしている人たちが、自分の見込み客になる可能性が高いからです。

他の人のツイートに「いいね」を押した人が誰か調べたいときは、ツイートを押すと、ツイート内容の下に「○件のいいね」と表示されます。そこをクリックすると、「いいね」をつけた人たちのアカウント一覧が出てきます。

その人たちのプロフィールを見て、フォロワーが1000人以下の人のツイートに「いいね」をつけていきます。

フォロワーが少ない人の方が、誰かから「いいね」をつけてもらったことに気づきやすく、自分のプロフィールを見てもらいやすいです。その人が自分のプロフィールを見て興味を持てば、フォローしてもらえます。

上記の流れで、**「いいね」は1日100を目安**につけていきましょう。

数字だけ見ると大変そうに思えますが、他の人のツイートの「いいね」ボタンを押すだけなので、意外にすぐ終わります。

他の人のツイートにリプライする

必要なのは「いいね」だけではありません。他の人のツイートにリプライをつけることも習慣にしてください。

できれば**1日70、少なくても50はリプライ**をしましょう。数字だけみると多すぎるようにも思えますが、簡単な内容で構いません。例えば、レストランの料理の写真を載せている人がいれば、「そこ行ってみたいです」とか「おいしそうですね」だけでもいいのです。

こうしてリプライを送ることで、自分のことを投稿者に印象づけることができます。

また、Twitterには「リプ祭り」という独自のイベントをやっているユーザーがいます。これは有名人やSNSで影響力のあるインフルエンサーが、「普段はファンやフォロワーの人がコメントをくれてもリプライ（返信）しないけど、今だけ期間限定でリプライをします」という趣旨でやっているものです。

有名人やフォロワーにはたくさんのフォロワーがいます。リプ祭りの主催者をフォローした上で、積極的にリプ祭りに参加し、コメントをしていきましょう。その有名人やインフルエンサーのフォロワーたちに、自分のことを知ってもらうチャンスです。

他の人へのリプライを1日70回とするなら、以下の回数を基準にやってみましょう。

①自分がフォローしている人のツイートへのリプライ10回
②自分と興味の近い人に「いいね」を押している人（フォロワー1000人以下）のツイートにリプライ20回
③リプ祭り参加でリプライ40回

リプライも「いいね」と同じく見込み客を得るための手段です。自分の存在を多くの人に知ってもらい、プロフィールを見に来てもらうために大切なことです。

常連リストを作る

Twitterでの基本的なコミュニケーションをおさえたら、今度は**自分のツイートによく反応してくれる人のリスト**を作りましょう。

私がここで述べているリストとは、Twitterに備わっている、アカウントをまとめるリスト機能のことではありません。リスト機能も必要に応じて使いたい人は使ってもいいと思うのですが、私は自分だけが見られるスマートフォンのメモ機能などを使って、常連リストを作ることをおすすめしています。

Twitterのリスト機能では、リストに入れたとたんそのユーザーに通知されます。人によっては不愉快に感じる人もいるので、自分のツイートに「いいね」やリプライをくれるユーザーのリストは、他の人に知られないものに記入した方が無難でしょう。

常連リストを作るのには理由があります。集客のためにTwitterを続けていると、「今、このツイートをリツイートで拡散してほしい」と思う時があります。ただ、自分のフォロワーに直接お願いすることは、通常ならイメージダウンに繋がるのでできません。

しかし、普段から定期的に自分から相手のツイートにリプライしたり、反対に自分のツイートに相手がくれたリプライにリプライを返したりして、円滑なコミュニケーションを取っている人たちであれば、リツイートをお願いしやすくなります。

このような、日頃からよくコミュニケーションを取っているフォロワーを、常連リストとしてまとめておくのです。

リストアップされた人たちの中には、もちろん見込み客になる人もいます。また、リストに入っている人たちは、よく自分のツイートを拡散してくれるので、見込み客が自分のアカウントを見つけるきっかけを作ってくれるかもしれません。

リストに入れた人たちのツイートに対し、**積極的に自分から「いいね」をつけたりリプライしたりすると、信頼関係が深まります**。こうした信頼関係を築くことによって、SNSを通じた集客の効果を期待できます。

インプレッションを分析して投稿の内容を見直す

インプレッション画面の表示方法

最後に、どのくらいの人が自分のツイートを見て反応してくれているかを知ることができる「**インプレッション機能**」の説明をします。

インプレッションを見るためには、まず、自分が投稿したツイートをクリックします。すると、下に「ツイートアクティビティを表示」という文字が出てくるので、それをクリックしてください。これは、スマートフォンでもパソコンでもできます。

そうすると、ユーザーが自分のツイートを見た回数である「インプレッション」と、ユーザーがツイートに反応した回数である「エンゲージメント総数」が出てきます。さらに、その下の「すべてのエンゲージメントを表示」を押すと、図のような画面が表示されます。

インプレッション 21,969
ユーザーがTwitterでこのツイートを見た回数
エンゲージメント総数 2,817
ユーザーがこのツイートに反応した回数
詳細のクリック数 1,093
ユーザーがこのツイートを詳細表示した回数
メディアのエンゲージメント数 512
全メディア (ビデオ、Vine、GIF、画像) のクリック数
プロフィールのクリック数 467
名前、@ユーザー名、またはプロフィール画像をクリックした回数
いいね 384
ユーザーがこのツイートをいいねした回数
リツイート 238
ユーザーがこのツイートをリツイートした回数
返信 115
このツイートへの返信数

インプレッションの画面

自分のツイートにURLが載っていたならURLのクリック数、詳細のクリック数、「いいね」の数、プロフィールを見たアカウントの数、リツイートの数、返信（リプライ）の数が表示されます。

インプレッションを活用して自己分析をする

このインプレッションの詳細を見ていくことで、反応が良かったツイートと反応が良くなかったツイートを知ることができます。自分のツイートは通常ではどのくらいの人に見られているのかがわかるのです。

その通常のインプレッションの数と比べながら、「このツイートはいつもより見られたな」とか「このツイートは普段と比べて見られなかった。どうしてだろう？」と**1カ月に1回くらい自己分析をする時間**を作ります。通常より見られていないツイートは、フォロワーや見込み客が求めていない内容なのです。どのような内容が自分の見込み客に響き、どのような内容が響かないのか、インプレッションを見ていくうちに自然とわかってくるはずです。

インプレッションの分析でわかったことを活かして、さらに見込み客を惹きつけるツイートを投稿するようにしましょう。

第5章

YouTubeで
動画を投稿しよう

YouTubeの特徴を知って集客に活用する

動画で情報を伝えて感情を引き出す

最近は、ブログなどの長い文字情報を発信するツールが下火になる一方で、日頃からYouTubeで動画を見ているという人が増えてきました。今や多くの人にとって日常的なものになってきたので、YouTubeを視聴したことがない人を見つける方が難しくなっているかもしれません。

YouTubeは、集客のツールとして使えばとても効果的です。誰かの動画を見て楽しむだけではなく、自分で動画を投稿して、ビジネスの情報を発信することができます。YouTubeを使いこなして、集客に役立てていきましょう。

YouTubeで見られる動画は、文字を追うより簡単に、短い時間でたくさんの情報を吸収できます。そのため、**1つ動画を見てもらうだけで、自分の商品・サービスの情報をたくさん知ってもらうことができる**のです。InstagramやTwitterの投稿を1つ読まれるだけより、YouTubeで動画を1つ見られる方が、自分のことをよく知ってもらえます。

YouTubeは、ファンを作る効果が非常に高いツールでもあります。YouTubeで投稿を続ければ、自分の商品・サービスに興味を持ちそうな人が、偶然動画を見てくれることが多くなってきます。動画なら、ファンになってもらうために十分な情報を短時間で伝えられるので、すぐにファンになってくれる可能性が高いです。YouTubeで得たファンは、InstagramやTwitterのフォロワー以上に、自分が発信した情報が頭に入っています。そのため、より一層商品・サービスを購入してくれやすい、強力な見込み客になり得るのです。

文字のメディアよりも動画の方がファンを作りやすい理由を考えてみ

ると、動画を見たときの感情にヒントがあるのではないかと思います。
動画は、視聴しているうちに、「私もやってみたい」とか「参加したい」という気持ちが湧いてくることがよくあります。昔は、テレビのコマーシャルがこういった役割を果たしていたように思います。テレビのコマーシャルを見て「これいいなあ。買いたい」と思ったことがある人も多いのではないでしょうか。
今は、ほとんどの人がスマートフォンを持っています。少しの時間でも、テレビコマーシャルのように偶然流れてきた映像を見るのではなく、スマートフォンで自分が興味のある動画を見られるようになりました。かつては通信環境が悪く、動画が途中で止まってしまうこともありました。しかし、最近はそれも減り、より没入して動画を楽しめるようになっています。
YouTubeにアクセスすれば、自分の関心に近い動画を見て、短い時間で多くの情報を得ることができます。そして、映像の力によって、だんだんと「私もやってみたいなあ」という気持ちが湧いてくるのです。

YouTubeを使った集客では、**見込み客から「やってみたい」という感情を引き出します**。動画を使って短い時間で多くの情報を伝えることで、動画を見るだけでなく、実際に商品やサービスを経験してみたいと思ってもらえるようになるはずです。
動画を見て心が動いた見込み客を、LINE公式アカウントの友だち登録に繋げましょう。

インターネットで動画を見る人が増えている

YouTubeが集客において重要な理由には、インターネットで動画を視聴する人が激増しているという時代背景も挙げられます。
映像のメディアと言えば、テレビが長年にわたって多くの人に重用されてきました。しかし、最近はテレビよりもインターネットを長く利用する人が増えているのです。総務省の「令和元年版　情報通信白書」によると、人々のテレビ視聴時間は減少傾向にある一方、インターネットの利用時間は増加しています。この傾向は、これからますます強くなっていくことでしょう。

この20年程でインターネットの通信環境は驚くほど整い、スマートフォンで自由にインターネットを使えるようになりました。そのおかげで、動画を視聴したり、自分で投稿したりすることも、誰でも気軽にできるようになりました。

多くの人に使われる、代表的な動画共有サービスがYouTubeです。YouTubeの動画はスマートフォンで簡単に視聴できるので、テレビコマーシャル以上の影響力を持ちつつあると言えます。

YouTubeを使う目的は「資産」作り

YouTubeにはもう1つ、InstagramやTwitterと異なる役割があります。それは、ゆっくり時間をかけて、自分のビジネスで**集客のためにずっと使える"資産"を作る**ことです。

YouTubeで認知度を上げてたくさんの集客に繋げようと思ったら、InstagramやTwitterとは比べものにならないほど時間がかかります。自分の撮影した動画がYouTubeでたくさんの視聴者に見られるようになるまでは、少なくとも半年、だいたいは1年以上かかると考えなければなりません。

YouTubeはInstagramやTwitterに比べると即効性はありませんが、継続することでメリットを得られるようになるのです。

YouTubeは1つのチャンネルにたくさんの動画を載せられます。YouTubeを集客のツールとして使う場合には、投稿した動画のうち必ずしもすべてが多く再生される必要はありません。

例えば、100本の動画があれば、そのうち再生数の多い動画が1本あればいいのです。あとの99本の再生数が少なくても構いません。1本だけでも、多く再生されている動画だとYouTubeのシステムから認識されれば、検索エンジンで上位に表示されることもあります。

さらに、YouTubeに動画を投稿し続けていくと、徐々に再生回数が増えていきます。すると、YouTubeのシステムによって、自分の動画が視聴者から見つけやすいようになっていきます。

このように、YouTubeで成果が出るまでには時間がかかります。しかし、だんだん自分の認知度を上げ、集客のための大きな力になってくれます。YouTubeで投稿する動画は、自分のビジネスのためにずっと持っていられる資産だと思ってください。

YouTube動画は1つ1つが“影分身”

私は「YouTube動画は動画投稿者の“影分身”である」と思っています。影分身とは、1つ1つの動画が、自分の代わりになってビジネスを宣伝してくれる分身になることです。

YouTubeを使った集客では、毎日のようにYouTubeに時間をかける必要はありません。週に1度、5本分くらいの動画をまとめて撮影して、日を分けて投稿し続けることもできます。動画を一旦投稿した後は、自分が他のことをしている間にも、集客効果がずっと続きます。**つまり、投稿した動画が、1年365日、1日24時間、自分の分身になって、“優秀な営業マン”として宣伝し続けてくれる**のです。

YouTubeを使った集客では、自分の商品・サービスを視聴者に認知してもらうまでに時間がかかります。しかし、一度動画を見てファンになってもらえれば、LINE公式アカウントにアクセスしてくれる可能性は、InstagramやTwitterよりずっと高くなります。

YouTubeに継続して投稿し続けることで、影分身した動画が増えていき、蓄積していきます。YouTubeで投稿した動画の1つ1つが、集客のための強力なツールになるのです。

YouTubeに投稿するのは意外に難しくない

簡単に作成できる動画の特徴

YouTubeには、さまざまな方法で作成された動画が投稿されています。中には、高度な機材やスキルを使って撮影された映画のような動画もありますが、集客のために作成する動画はそのような凝った映像である必要はありません。

動画を作成してYouTubeに投稿するのは、意外なほど簡単にできるのです。これから、簡単に作成できる動画の特徴を説明します。

本書で作り方を紹介する動画は、とてもシンプルです。**画面に文字資料を映して、その内容を口頭で説明していくという形式**になっています。このスタイルの動画なら、とても簡単に撮影できる上に、言いたいことをわかりやすく伝えられます。

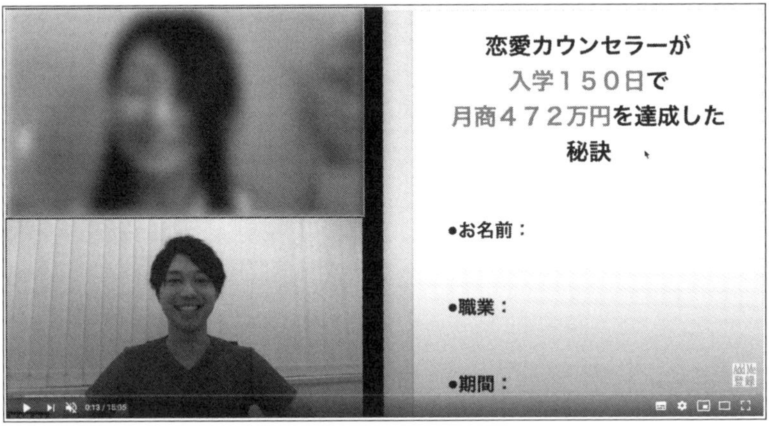

YouTubeに投稿する動画の例

必要なものを用意して、動画の内容を決めたら、自分がしゃべっている姿をレコーディングします。撮影が終わったら、編集や加工をしなくても、動画が完成します。これですぐYouTubeに投稿できます。

この動画撮影方法で使うツールは、パソコンがなくても使えるものです。InstagramやTwitterと同じように、**YouTubeも動画作成から投稿まで、スマートフォン1台でできる**のです。これも、本書がすすめるYouTube集客ノウハウの大きな特徴です。

もう1つ大切なことは、初めから完璧を目指し過ぎないことです。この形式の動画では、文章を表示させながら話しますが、資料の見直しなどを神経質にする必要はありません。むしろ完璧でない方がいいのです。完璧にしようとし過ぎると、動画を公開する前に「ここはもっとこうしたいな」といろいろと考えてしまい、なかなか投稿できなくなってしまいます。極端な話、最初の動画はぶっつけ本番で撮ってしまう人もいます。

YouTube集客は、継続できなければあまり意味がありません。投稿を継続するためにも、まずは楽しむことが一番大事なのです。

ビデオカメラがなくてもOK

自分で動画を作ってYouTubeに投稿するのは、一見高度なスキルが必要なように思われますが、実はそれは勘違いです。これから紹介するYouTubeの動画投稿の方法では、難解なテクニックは何1つ必要ありません。

まず、**動画を撮影するには、ビデオカメラは必要ありません。**集客のための動画は、身近なツールを使用して撮影できます。

撮影機材は、パソコンやスマートフォンに内蔵されているカメラとマイクがあれば大丈夫です。リモート会議でよく知られる「Zoom」などのオンライン通話ツールを使えば、画面ごと録画できるので便利です。もちろん、Zoomではなく、スマートフォンのビデオカメラで撮影しても構いません。

動画の中で資料を表示させるためには、学校や会社のプレゼンテーションなどでよく使われている Microsoft PowerPoint、いわゆるパワーポイントなど、文字を書いて表示させられるツールを使います。パワーポイントの代わりに、スマートフォンに内蔵されているメモ機能や、代表的な文書作成アプリの Microsoft Word など、自分が使いやすいものを用意します。

文字資料にデジタルツールを使わず、手元に持った紙芝居風の資料を画面に映して動画を撮影している人もいます。文字を映す道具は視聴者にとってわかりやすければ何でも OK です。私は小道具に、100 円均一ショップで売っている小さなホワイトボードを使うこともあります。

顔出ししなくても OK

動画撮影の際、画面に自分の顔を映さなくても問題ありません。YouTube でも、Instagram と同じように必ずしも顔出ししなければいけないということはないのです。**動画に自分の顔を登場させるかどうかは、自由に選ぶことができます。**

Zoom とパワーポイントを使った動画撮影を例に挙げてみます。Zoom でパワーポイントの画面共有をし、顔出しができる人は Zoom のカメラをオン、顔出しをしたくない人は Zoom のカメラをオフに設定して撮影します。こうすれば、自分の顔を出すかどうかも 1 度クリックするだけで選べます。顔出ししたくない人は自分を映さず、文字資料だけを映すようにすることもできます。2020 年 8 月現在の Zoom のように、録画と画面共有が可能なオンライン通話ツールとパワーポイントを使うのであれば、カメラをオフにしても問題ありません。

しゃべるのが苦手でも OK

Zoom でパワーポイントの資料を画面共有して、録画を開始したら、パワーポイントに書かれた内容に沿って話し始めます。顔出しは絶対に必要なわけではありませんが、投稿者本人が自分の言葉で話をするのは不可欠です。

たとえ口下手だったとしても、あまり心配はいりません。誇張なしで、

話すのが上手か下手かは、動画の完成度に影響しません。集客のための動画で最も大事なことは、話の上手さではなく、一生懸命、自分の伝えたいことを話すことです。

もちろん、誰でもできる話し方のコツはあります。口下手な人でも熱意が伝わる話し方をするためには、いつも話しているときの1.5倍から2倍のテンションで話すようにしましょう。そうすると、視聴者に本気で伝えようとしていることがわかって、エネルギーが視聴者に伝わり好印象になります。

高度な編集技術がなくてもOK

前もって用意しておいた内容を話し終えて、レコーディングが終了したら、そのまますぐYouTubeに投稿してしまいます。時間をかけて凝った編集をする必要はありません。

YouTube動画投稿者の中には、動画の品質にこだわって、細かいカット割りやテロップ表示など、高度な加工をしている人もいます。しかし、このような動画編集は、私の会社では誰もやっていません。

本書で紹介するYouTube集客では、**煩雑な動画編集作業は一切いりません。**凝った編集をしなくても、動画による集客効果は十分に見込めます。

5～10分くらいの動画でOK

動画の長さは、5～10分程度で大丈夫です。まずは短い動画を1本撮り、YouTubeに投稿してみましょう。

長い動画を撮影して編集に時間を割くより、これから紹介する簡単な方法で、短い動画を作成して気軽に投稿してみることが大事です。このくらいの長さの動画なら、びっくりするくらい簡単に作れることが実感できるはずです。1度簡単に撮影できれば、その後の動画作成もきっと楽しく続けられます。

投稿した動画の再生回数を増やす仕組み

再生回数を増やす方法

ここまで説明してきたように、こんなに簡単に作成した動画でも、たくさん動画を撮って投稿し続ければ、そのうちのいくつかは再生回数が伸びる可能性があります。YouTubeを使った集客では、投稿したすべての動画が多く再生されなくても、いくつか人気の動画があれば十分に効果があるのです。

しかし、YouTubeに投稿した動画をより多くの人に再生してもらうためには、まず自分の動画を見込み客である視聴者に見つけてもらわなければいけません。再生回数を増やすには、YouTubeの視聴者はどうやって関心のある動画を知って再生ボタンを押すのか、その経路を知っておく必要があります。その上で、動画を投稿するときに対策をとっておきましょう。

①検索エンジンから

1つ目の経路は「Google」や「Yahoo!」などの検索エンジンからです。気になるキーワードを検索エンジンで調べると、検索結果としてYouTubeに投稿された動画が表示されます。**検索結果に表示された動画のタイトルやサムネイル画像が見込み客の興味を惹くものであれば、その人は動画をクリックして再生します。**

例えば、自分がカレーのレシピに関する動画を投稿したとします。その後、誰かが検索エンジンで「カレーの作り方」「料理」を調べると、それに関係した自分の動画が上位に出てくることがあります。この場合、検索エンジンが動画の内容に反応したのではなく、動画のタイトルが検索したキーワードにマッチしたため表示されたのです。

つまり、投稿した動画が検索エンジンの検索結果に表示されて、再生されるかどうかは、タイトルが重要な決め手になります。また、検索結果として表示されるサムネイル画像が、視聴者の関心を惹きつけられるかどうかも大事です。検索エンジンからの再生回数を増やすための、タイトルやサムネイルの作り方については、この後詳しく説明します。

②関連動画から

YouTubeならではの再生回数が増えるメカニズムとして、「関連動画」からの再生という経路があります。

自分が投稿した動画と内容が似ている動画が、YouTubeにはたくさんあります。視聴者が動画を視聴した後に、スマートフォンの場合は動画の下、パソコンの場合は動画の右に、視聴し終わった動画に内容が似ている動画が「関連動画」として表示されます。これは、YouTubeのシステムが視聴者の好みを分析して載せるものです。

関連動画に表示された動画は、その内容に関心のある人に見つけてもらいやすくなるので、再生回数が増えるのです。自分の動画が見込み客の関連動画として表示されれば、その人たちが自分の動画を視聴してくれる可能性は高まります。

さらに、再生回数の多い動画の関連動画に自分の動画が載れば、多くの視聴者に自分の動画を知ってもらうことになります。そうなれば、当然のことながら自分の動画を見てもらえるチャンスが増えることになります。

関連動画には、検索エンジンの結果と同じように、自分の動画のタイトルとサムネイルが表示されます。つまり、ここでもタイトルとサムネイルが見込み客の興味を惹くものかどうかが重要になるのです。

動画の内容を準備して簡単に撮影する

撮影スケジュールを確保する

YouTubeは最初からすぐに効果が出ないのは当たり前です。まずは、とにかく楽しんで作り続けようという気持ちを持つのが大事です。私の経験上、そういった心構えがある人は、成功しやすいと感じています。

この心構えを意識するのは重要です。１本目の動画をアップした後、「あとはいつでもいいから時間があるときに撮ろう」と思ってしまい、動画作成をストップしてしまう人がいるからです。前述したように、YouTubeの動画は、自分の集客のための長期的な資産です。中断してしまうと効果は出ません。

「明日でいいや」と思うとやらなくなってしまうのは、勉強などでも同じだと思います。**本気で集客をしようと思うなら、先延ばしにしないための工夫をしましょう。**

まず、あらかじめ自分のカレンダーやスケジュール帳に、撮影日と撮影時間を書き込んで日程を確保しておきます。例えば、「毎週日曜日は、５本動画を作る」などと日程と目標を決めます。それをカレンダーに書き込んで、期日までに必要な資料を準備するようにして、習慣化に繋げるのです。

１度に５本の動画を撮れば、日を分けて１本ずつ投稿することができます。このようにまとめて複数の動画を撮影して、少しずつ投稿していくことをおすすめします。投稿する動画の数は、月に12本以上を目指しましょう。その頻度で投稿し続ければ、３カ月で36本になり、半年で72本、1年で144本になります。本書の方法で動画を作り続ければ、その中の数本は必ず再生回数が伸びます。

日を決めて何本かまとめて撮ることを繰り返すうちに、それが当たり前のことになり、動画撮影も「面倒くさい」から「楽しい」に変わっていくと思います。

動画の内容を考える

①テーマを決める

それではいよいよ動画の内容を考えていきましょう。

まずはテーマを決めます。このテーマを作る過程はコンセプト作りやInstagram投稿のときに述べたことと同じで、書籍のレビューや「Yahoo!知恵袋」を調べながら見込み客がどんなことに悩んでいるのかを考えます。見込み客の求めている情報がわかってきたらそれをテーマにします。

テーマにしたいものがたくさんある場合は、動画投稿を始めた最初のうちはその中からテーマを1つに絞る方がいいです。投稿に慣れてきたら、しだいにそのテーマを広げていくのが、最初はやりやすいです。

②3つのポイントを書く

次に、テーマに沿った動画のポイントを箇条書きで3つ書いてください。ポイントを書く上で大前提になるのは、お客さんが検索しそうなキーワードを盛り込むということです。ここでも2章のコンセプト作りと同じで、リサーチをせずに自分の頭だけで考えると、ひとりよがりになってしまい見込み客に刺さる内容になりません。

私は、どのようなキーワードがたくさん検索されているのかを調べられる無料のツール「aramakijake.jp」を使っています。このようなツールを使って、見込み客がよく検索しているキーワードを調べた上で、3つのポイントを書きだしてください。

例えば、自分がダイエットコーチであれば、「aramakijake.jp」などのツールを使って、ダイエットしたいとき、多くの人はどのような言葉で検索をかけるのか調べてみます。そうして、「食事制限」「3カ月で痩せる」「夏までに痩せる」などの言葉がよく検索されることが判明したら、これを3つのポイントにします。

ここで決めた３つのポイントは、後で解説するタイトル作りにも使います。ポイントを３つと言うと少なく感じられるかもしれないですが、多すぎると良くありません。

例えば、動画の投稿者が「今日はこの動画で売上を上げるためにできることを12個話します」と言うと、視聴者は「多すぎて疲れそう…」と思ってすぐに動画から離れてしまいます。視聴者にとって見やすい動画にするには、動画１つにつきポイントは３つに絞り込んだ方がいいのです。

③最初の７秒間の内容が大事

自社調査の結果によると、YouTubeでは、最初の７秒間でほとんどの視聴者が動画を見るのをやめてしまいます。視聴者の離脱を避けるためには、**最初の７秒間で視聴者を惹きつけなければなりません。**

視聴者が動画から離れてしまう前に、動画の魅力を伝えきることが必要です。ですから、最初の７秒間で動画の内容を簡単に説明します。例えば、「たった21日間で７キロ痩せる３つのポイントを今日はお伝えしていきます」といったふうに、初めから一言で動画の内容を述べるのが効果的です。

最初から長い自己紹介を始めてしまう人がいるのですが、これは良くありません。自己紹介の間に「もういいや」と思って、他の動画に飛んでしまう視聴者も多いのです。動画の最初では、まず「こんにちは」とあいさつしたら、次はすぐに動画のテーマについて話し、それから少しだけ簡単な自己紹介をしましょう。

その後、５分から10分までの動画であれば、前半では具体的にこの動画を見て得られるメリットを説明します。ちょうど動画全体の真ん中ぐらいの時点で、本題に入ります。まず「ポイントが３つあって、これとこれとこれです」というように、先ほど考えたポイント３つを挙げます。終盤にかけて、３つのポイントについて詳しく話して、内容を膨らませていきましょう。

この流れを守って話をすると、説得力がある説明になります。見込み客から「見て良かった」と思ってもらえる動画に仕上がります。

④最後に登録を促す

動画の最後には、YouTube チャンネル登録と、LINE 公式アカウントへの登録を促すのを忘れないようにしましょう。その動画を見てくれた人にチャンネル登録をしてもらえれば、次回の動画も見てもらえる可能性が高くなります。また、自分の商品やサービスへの集客・売上に繋げるためには、必ず LINE 公式アカウントに誘導します。

LINE 公式アカウントに登録を促すとき、「今、登録してもらえれば限定動画などのプレゼントがあるので、動画の下に書いてある URL をチェックしてください」と話すとさらに効果的です。このプレゼントについては、第６章の LINE 公式アカウントの解説の中で、詳しく説明します。

こうして、動画で話す内容がだいたい定まったら、さっそく撮影してみましょう。ぶっつけ本番で始めてもまったく問題ありませんが、もし不安な場合は、本番の撮影の前に１度練習してみると安心して話すことができると思います。

動画はこれで完成です。

チャンネルを作成する

１本目の動画作成が終わったら、YouTube のチャンネルを作成しましょう。今後作る動画も、ここで作成したチャンネルにどんどん載せていく形になります。

YouTube チャンネルの作成には Google アカウントが必要です。YouTube のトップ画面に、「ログイン」という表示があるので、ここを押して Google アカウントでログインしてください。Google の無料メールサービスである「Gmail」を使っていて、すでに Google アカウントを持っている人なら、そのアカウントが使えます。Google アカウントは１人で複数作れるので、プライベートで使っているアカウントとは別に、ビジネス用や YouTube 用のアカウントを作っている人もいます。

　そして、YouTube チャンネルには 2 種類あります。Google アカウントの名前がそのままチャンネル名になる「デフォルトアカウント」と、好きなチャンネル名を設定できる「ブランドアカウント」です。
　ビジネス用に使う YouTube チャンネルは、ブランドアカウントで作成することをおすすめします。Google アカウントの名前を変えなくても、自分のビジネスに合ったチャンネル名をつけることができるからです。ブランドアカウントは、すでにデフォルトアカウントのチャンネルを作成していても、同じ Google アカウントで追加して作成できます。

　Google アカウントで YouTube にログインしたら、そのままチャンネルを作成します。
　まず、YouTube の画面右上にある Google アカウントのアイコンをクリックします。初めてチャンネル作成をするときには、ここで表示されたメニューの中に「チャンネルを作成」という表示があるので、そこをクリックします。チャンネルの種類を選ぶ画面が表示されたら、ブランドアカウントを選択しましょう。
　追加で新しくチャンネルを作成するときは、右上のアイコンをクリックした後に表示される歯車のマークをクリックして、YouTube のアカウント設定のページに移動します。そこで、「新しいチャンネルを作成」をクリックすれば、ブランドアカウントのチャンネルを追加で作成できます。
　ブランドアカウントの作成画面では、使いたいチャンネル名を入力します。店舗名や会社名、個人でビジネスをしている人なら自分の名前などをチャンネル名にするといいでしょう。

撮影した動画をYouTubeに投稿する

動画のタイトルを決める

①検索されるキーワードを入れる

動画を投稿する前に、まずタイトルを決める必要があります。動画の内容を決めるときに考えた３つのポイントが、ここでも重要な役割を果たします。これらのポイントは、見込み客の検索しそうなキーワードをリサーチして考えました。ですから、ポイントには検索で上位に来やすいキーワードが含まれているはずです。このキーワードを含んだタイトルにしてください。

先ほどのダイエットコーチの例で説明します。「食事制限」「３カ月で痩せる」「夏までに痩せる」を３つのポイントにしたので、そのキーワードを動画のタイトルに組み込みます。こうすることで、検索エンジンの検索結果でも上位の方に表示される可能性が高まります。

リサーチをせずに自分の頭の中だけで考えても、検索結果に表示されるタイトルを作るのは難しいです。例えば、「ダイエットをうまくいかせるための３つのポイント」というように、「食事制限」などのキーワードが含まれていないタイトルをつけてしまうと、検索されることが少なく、なかなか再生回数が上がらないという事態に陥ります。

「食事制限」「３カ月で痩せる」「夏までに痩せる」という３つのキーワードを使い、「３カ月で夏までに痩せる食事制限によるダイエット方法３つ」というようなタイトルを作れば、それぞれのキーワードで検索した見込み客が動画を見つけやすくなります。だからこそ、検索ワードを調べてからタイトルを作った方がいいのです。

②数字を入れる

「３カ月で夏までに痩せる食事制限によるダイエット方法３つ」というタイトルの例では、最後に「３つ」という数字を入れています。このように、数字を含むタイトルにすることも実は重要です。

タイトルに数字を入れると、視聴者の関心を惹きやすくなるのです。これは、有名なユーチューバーの動画タイトルでもよく使われているテクニックの１つです。

概要欄を書く

タイトルが決まったら、次は動画の下にある「概要欄」に何を書くか決めましょう。概要欄は、言葉どおり、動画の概要を文章で説明するところです。概要欄に書く内容は、動画を再生する前の視聴者の興味を左右するものなので、とても重要です。

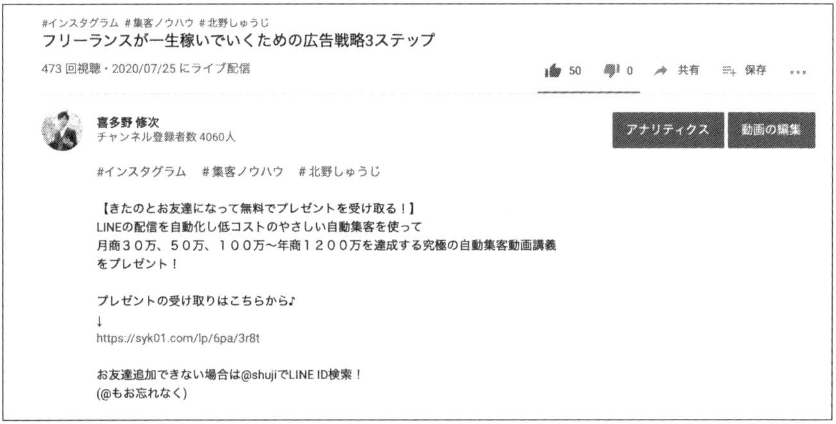

#インスタグラム #集客ノウハウ #北野しゅうじ
フリーランスが一生稼いでいくための広告戦略3ステップ
473 回視聴・2020/07/25 にライブ配信
50
0
共有
保存
喜多野 修次
チャンネル登録者数 4060人
アナリティクス
動画の編集
#インスタグラム #集客ノウハウ #北野しゅうじ
【きたのとお友達になって無料でプレゼントを受け取る！】
LINEの配信を自動化し低コストのやさしい自動集客を使って
月商３０万、５０万、１００万〜年商１２００万を達成する究極の自動集客動画講義
をプレゼント！
プレゼントの受け取りはこちらから♪
↓
https://syk01.com/lp/6pa/3r8t
お友達追加できない場合は@shujiでLINE ID検索！
(@もお忘れなく)

概要欄の例

①文章は２行程度におさめる

最初の行に、内容を作成した時に決めた３つのポイント＝キーワードを必ず入れます。その次に、動画の内容の要約を書きます。この**３つのポイントと要約で、２行ぐらいにおさめる**ようにしてください。

概要欄の文章を2行程度におさめる理由は、2つあります。まず、概要欄の文章が長すぎない方が、視聴者にとっても読みやすく、動画を再生するかどうかすぐに判断できるからです。そして、概要欄は短い文章の方が検索エンジンにヒットしやすいと言われているためです。

②LINE公式アカウントのURLを載せる

動画内容の要約を書いたら、その次の行に自分のLINE公式アカウントのURLと、友だち登録を促す言葉を書きましょう。自分の動画を見て興味を持った人を、ここからLINE公式アカウントに誘導します。さらに、YouTubeのチャンネル登録をした人であれば、登録してもらえる可能性は非常に高いです。

カードを作る

概要欄とセットで作っておきたいのが、動画の中に他の動画へのリンクなどを入れられる「カード」です。

YouTubeで動画投稿を続けていると、自分の作った動画の中でも特にこの動画を絶対に見てほしいと思うような、集客において重要な動画ができることがあります。自分の動画のどれかを偶然見た見込み客には、ぜひその重要な動画の存在を知らせたいところです。そんなときに、動画の途中で重要な動画に飛べるカードは便利な機能です。動画の途中にカードを入れておくと、**一番見てほしい動画への誘導がスムーズになります。**

カードの設定画面

概要欄とセットでカードを作ってほしい理由は、概要欄とセットで入れた方が楽だからです。カード機能を使うためには、動画の一覧ページから動画を投稿する前の編集画面に移動して、カードを入れる位置の秒数を指定して設定をする必要があります。カードを入れ終えたら、動画の準備は完了なので投稿してしまいましょう。

カードは、特に集客効果が高い動画に視聴者を集めるためのプラスアルファの機能だと言えます。

サムネイルを作る

動画を投稿した後、必ず設定するべきなのが「サムネイル」です。サムネイルは、動画の顔のようなものです。検索エンジンの検索結果一覧や、YouTubeを開いたときの動画一覧、関連動画の一覧画面など、さまざまなところに表示される画像です。**YouTubeの視聴者は、サムネイルを見て、その動画を見るかどうかを決めます。**

動画のサムネイルには、タイトルの文字を大きく入れます。Instagramの章でも、投稿画像にタイトルを入れる方法を解説しました。サムネイルもInstagramの画像と同じ方法で作れば、パソコンやスマートフォンのアプリで簡単に作成できます。こうして作成した画像を、投稿した動画のサムネイルに設定します。

サムネイルは動画投稿後に必ず設定する必要があるものです。自分で設定しないままだと、動画の一部の場面を切り取った、仮のサムネイルが設定されてしまいます。仮のサムネイルでは、動画の一覧で視聴者に興味を持ってもらいづらく、再生回数が伸びません。文字を大きく入れたサムネイルを設定することで、動画が一覧表示されたときに、より多くの視聴者の目を惹くことができます。

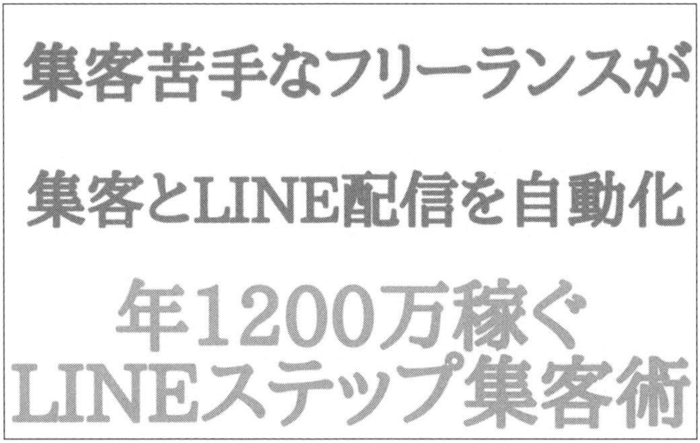

サムネイルの例

再生リストを作る

動画の投稿を続けていくと、だんだんとチャンネルに動画が増えていきます。動画が多くなると、自分のチャンネルにアクセスした人が見たい動画を探すのが難しくなってきます。

そんなときに、作成しておくと便利なのが、**投稿者が自分で動画をカテゴリー別に分けられる「再生リスト」**です。これを設定しておけば、チャンネルの中で、カテゴリーごとに自分の動画を表示させることができます。カテゴリーで分けられていることで、視聴者にとってもわかりやすくなります。下記のステップで再生リストを作ります。

「チャンネルをカスタマイズ」をクリック

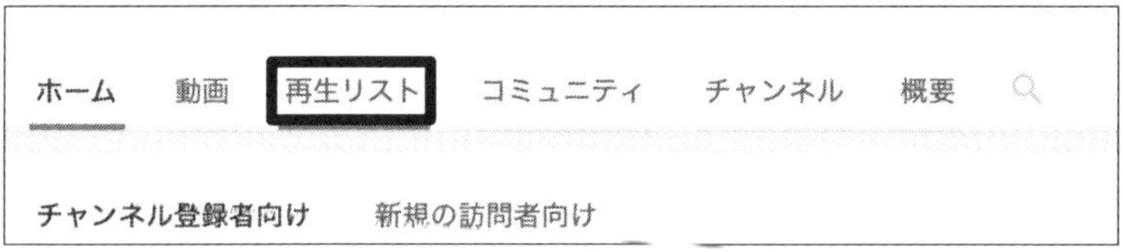

「再生リスト」をクリック

「新しい再生リスト」をクリック

「新しい再生リスト」というところをクリックした後、動画を選んでカテゴリー分けしていくと完成します。カテゴリーの種類はYouTubeのルールで決まっているものではなく、任意の名前をつけられます。自分がこれまで投稿してきた動画を、視聴者に対してどのように見せたいと望んでいるかによって、好きな名前をつけた再生リストを作って分けられます。

例えば、私の場合、「SNSクリエイター」や「集客ノウハウ」、「成功事例」などのカテゴリーに分けて、再生リストを作っています。

再生リストは、自分の動画を探しやすくして、見込み客にたくさん動画を見てもらうために役立つプラスアルファの機能です。

アナリティクスを分析してタイトル・概要欄を見直す

アナリティクスでわかること

自分の動画の視聴者が、どんなキーワードを検索して自分の動画にたどり着いたのかを知るための機能として、「アナリティクス」という機能があります。YouTube 集客を始めてすぐの人は、まだアナリティクスについて考える必要はありません。だいたい 50 本くらい動画を投稿してから、アナリティクスの分析を始めましょう。

アナリティクスの調べ方は以下の通りです。YouTube にログインすると、クリエイターツールの中に「アナリティクス」という表示があるので、そこを押してみてください。

いろいろなデータがあり最初は戸惑ってしまうかもしれません。しかし、この中でまずチェックしてほしいのは、**チャンネル登録者数の増減がわかる登録者数の推移です**。

それから、視聴者数も確認します。日によって、**何人の視聴者が動画を見てくれたか**がわかります。視聴者数を見れば、Twitter のエンゲージメントと同じように、どのような動画が特に見てもらいやすいのか分析できます。

また、アナリティクスでは、**視聴者がどこのサイトで自分の動画を知り、アクセスしてくれたのか**もわかります。つまり、視聴者は検索エンジンでどのようなキーワードを入れて検索し、自分の動画にたどり着いたのか、または他の動画の視聴後、自分の関連動画が出てきてそこから来てくれたのか、がわかるのです。これがわかると、今後の動画のタイトルや概要欄を作る際の参考になります。

後は、視聴者の性別や年代もアナリティクスからわかるので、動画の内容を考える上で活用していきましょう。

分析結果を参考にしてハッシュタグをつける

YouTubeの概要欄には、Instagramの投稿と同じようなハッシュタグを入れられます。このハッシュタグは、動画投稿を始めたばかりのうちは、必ずしも入れる必要はありません。50本動画を投稿し、アナリティクスの分析を始めてから、概要欄にハッシュタグも入れるようにしましょう。

概要欄にどのようなハッシュタグを入れようか考えるときには、アナリティクスを使って、自分の動画の視聴者がどんなキーワードで検索して自分の動画にたどり着くことが多いのかを調べます。キーワードがわかるようになったら、特に検索数の多いキーワードをハッシュタグにして概要欄に入れるようにします。

例えば、私の場合は、「北野しゅうじ」で検索されることが多いことがアナリティクスの分析でわかってきました。そのことがわかった後は、あえて「＃喜多野修次」ではなく「＃北野しゅうじ」と概要欄に掲載するようになりました。

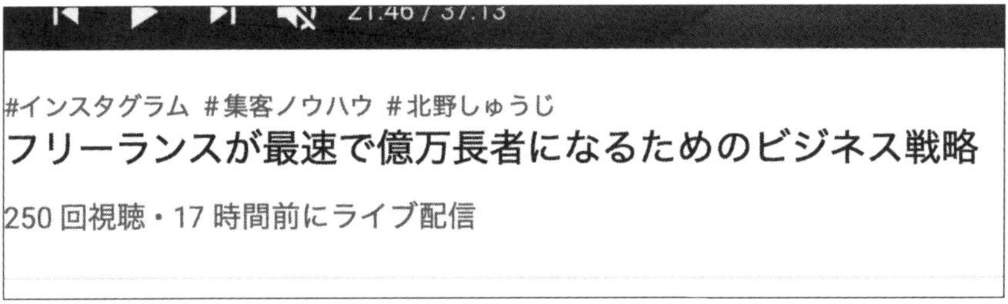

タイトルの上にハッシュタグが入る

アナリティクスは、YouTube動画を始めてすぐの頃は、まだデータが少なくて分析がしづらいです。その段階でアナリティクスを見てもよくわからないと思うので、しばらくは様子を見るのをおすすめします。

YouTube集客は時間がかかり、動画の再生数が伸びず、やきもきすることもあるかもしれません。しかし、1度チャンネル登録してもらえれば、LINE 公式アカウントに誘導した後も見込み客に強い印象を与える、大切な資産と考えてもらえればと思います。今からすぐに動画を作成する日を決めて、早めに動画投稿をスタートしましょう。

第6章

LINE公式アカウントで信頼関係を築こう

LINE公式アカウントの特徴を知って活用する

LINE公式アカウント＝ビジネス用のLINE

ここまで、Instagram や Twitter、YouTube などの SNS を使って集客をする方法を説明してきました。こうして集めた見込み客は、すべてコミュニケーションアプリ「LINE」のビジネス版「LINE 公式アカウント」に誘導し、「友だち登録」をしてもらいます。

LINE 公式アカウントとは、企業・店舗向けのビジネス用コミュニケーションアプリです。実は、多くの人が普段のコミュニケーションのために使っている LINE とは別のアプリなのです。お客さんとして LINE 公式アカウントを利用する場合は、いつもの LINE アプリを使えばいいですが、自分が LINE 公式アカウントの配信者になる場合であれば、別のアプリをダウンロードしなければなりません。自分の商品・サービスのマーケティングの目的で使うなら、もちろん後者になります。

LINE 公式アカウントをダウンロードして配信者になると、友だち登録してくれた見込み客全員に、LINE を送るのと同じ感覚で情報を届けられます。もともとは大企業に限定されたサービスで、中小企業向けには「LINE＠」という別のサービス名がありましたが、2018 年 12 月、LINE＠も LINE 公式アカウントに統合されました。

「LINE公式アカウント」アプリのアイコン

LINE 公式アカウントは、SNS マーケティングの最終目的である**商品・**

サービスの購入に繋がる、とても有効なツールです。なぜなら、LINE公式アカウントでは、登録者全員にメッセージを一斉送信することも、登録者と1対1でやりとりをすることもでき、見込み客とダイレクトにコミュニケーションが取れるからです。これは商品・サービスを正しく知ってもらい、自分とユーザー間の信頼関係を深めることに繋がります。
「LINE公式アカウント」という単語で検索すると、「LINE公式アカウント|LINE for Business」というサイトがヒットします。
自分のLINE公式アカウントをそこで開設します。もちろん無料です。サイト名に「Business」と書かれている通り、LINE公式アカウントはビジネス用のLINEと言うこともできます。

LINE公式アカウントで信頼関係を構築する

見込み客に商品・サービスを買ってもらうために、どうしてLINE公式アカウントを使うことが有効なのかと言うと、**自分と見込み客との間に信頼関係を構築することができる**からです。
そもそも、見込み客との間に信頼関係がなければ、いくら自分の商品・サービスの情報を伝えてもなかなか購入してもらえません。だからこそ、LINE公式アカウントを通して見込み客とコミュニケーションを取ることが大切なのです。

私の考えでは、商売とは見込み客から信頼を得てこそ成り立つものだと思っています。
かつては訪問販売という営業方法がありました。営業マンが見込み客の家に行って、「○万円の商品があるのですが、買いませんか?」と商品を広げて見せる、といった方法です。しかし、この方法では、どのくらいの人が売り手を信頼した上で、実際に商品を買っていたのか疑問です。
そしてマーケティングの世界では広く知られていることですが、ある商品・サービスに興味を持って問い合わせてきた人のうちの2割は、問い合わせた最初の段階ですでに「絶対に買おう」と決めている、と言われています。しかし、残りの8割は「そのうち買おうかな」とためらい、買うかどうか迷っている人なのです。購入を決めるまでの検討期間は、３週間以上であるとも言われています。商品・サービスを提供する側は、売上を伸ばすために、その８割の見込み客の検討期間を短くする必要があります。

つまり、訪問販売のように突然見込み客の元へ行って、商品の説明をしてからすぐに購入を決めてもらおうとしても難しいのです。見込み客が購入を検討する期間を短くするためには、時間をかけてコミュニケーションを取って信頼関係を築いていく必要があります。

コーチングやコンサルタント業の人を対象にした自社調査では、LINE公式アカウントを正しく使って、LINE公式アカウントの「友だち」が100人になった人は、ほぼ全員の売上が100万円以上伸びたという結果が出ています。

LINE公式アカウントで見込み客とやりとりし、信頼を得られれば、それだけ自分の商品・サービスを購入する人も増えるのです。このように、LINE公式アカウントは、見込み客との間で信頼関係を構築して、売上に繋げるのにとても効果的なツールです。

見込み客と気軽に話せる

LINE公式アカウントをダウンロードして初期設定をすれば、自分のアカウントに登録している見込み客のLINEアプリに、**一斉にメッセージが送れます**。一方で、通常のLINEと同じように、**配信者と見込み客とで１対１で話をすることもできます**。

LINEは、軽く会話する感覚でメッセージが送れて、送信相手が読んだかどうかも「既読」マークですぐにわかり、サービスが開始された当時とても斬新でした。今では多くの人が当たり前のように使い、日常生活で欠かせないツールの１つになっています。

自分のLINE公式アカウントに登録してくれた見込み客が、そのLINE公式アカウントにメッセージを送った場合は、メッセージは配信者にしか見られません。すなわち、見込み客にとっては、常に配信者との1対1のやりとりになるので、プライバシーが守られます。そのため、見込み客も他の登録者の目を気にせずに、商品やサービスについての問い合わせができます。

LINE公式アカウントを使ってメッセージを配信すると、日常的なコミュニケーションと同じような感覚で、**見込み客と気軽なコミュニケーションを取ることができる**のです。

メルマガとの違い

LINE公式アカウントについて、セミナーなどで「メールマガジンのLINE版です」と説明することもあります。定期的にメールで商品・サービスの情報が届くメールマガジンは、一時期流行していました。ところが今では、メルマガが登録者のもとに届いても開封されないだけではなく、届いていることさえ気づいてもらえないこともあり、どんどん読まれなくなっています。自社調査ですが、2020年時点で、メールマガジンの開封率は10%未満です。

一方、**LINE公式アカウントの開封率は96%**ですから、圧倒的な違いがあります。LINE公式アカウントの場合は、すべてのメッセージが届かなくなるブロックをされない限り、登録者（友だち）に配信したメッセージを読んでもらえる可能性が非常に高いのです。

LINE公式アカウントの友だち登録は、1度クリックするだけなので簡単にできます。このように気軽に登録できる点も、登録のためにメールアドレスを打ち込まなければならないメルマガとは違うところです。こうした理由から、メルマガではなくLINE公式アカウントを使った集客方法をおすすめしているのです。

LINE公式アカウントを開設して見込み客を集める

配信者用アプリの初期設定

LINE公式アカウントの配信者用アプリは、通常のLINEとは違うアプリです。まずLINE公式アカウントのアプリをダウンロードして、アカウント登録をしましょう。登録してログインした後の初期設定は、次の3つのポイントをおさえておけば問題ありません。

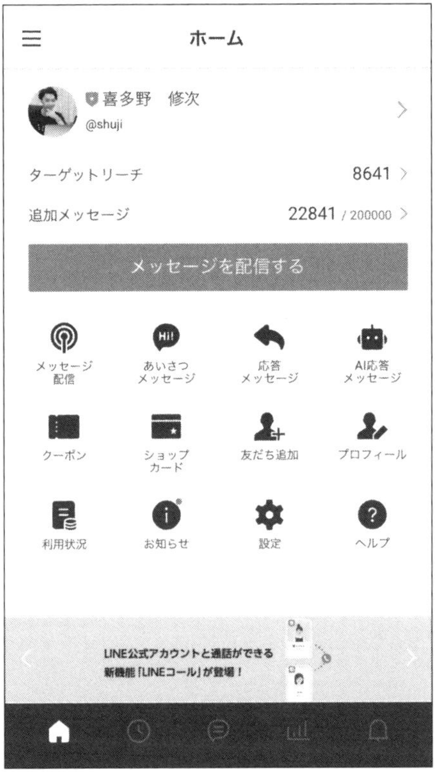

LINE公式アカウントアプリのホーム画面

①1対1の「チャット」機能をオンにする

LINE公式アカウントの友だちと1対1でメッセージのやりとりができるように、あらかじめ設定しておきましょう。スマートフォンでLINE公式アカウントアプリのホーム画面を開いてから、次の手順で押していくと簡単に設定できます。

「設定」→「応答」→「応答モードに移動」→「チャット」→「変更」

ホーム画面に戻ると、LINE公式アカウントの友だちとのやりとりが1対1でできるようになっています。ホーム画面の下のふきだしマークを押して、右上の歯車マークを押すと、チャット機能の細かい設定ができます。

②タイムラインを設定

LINEのタイムラインは、InstagramやTwitterで言うところの投稿欄です。LINE公式アカウントでも、タイムラインを使えば他のSNSと同じような感覚で投稿ができます。

ただLINE公式アカウントを商品・サービスを売るために使うなら、登録してくれた友だちが「いいね」、つまりはスタンプをつけられるように設定しておきましょう。手順は下記の通りです。

「設定」→「タイムライン」→「ユーザーインタラクション」→「いいねのみ受け付ける」→「保存」

この設定をしておくと、自分のLINE公式アカウントのタイムラインに投稿した際、LINE公式アカウントの友だちの誰かがスタンプを押すと、その人のLINEの友だち全員にその投稿が表示されます。

そこから投稿元のLINE公式アカウントに興味を持った見込み客が、新しく来てくれる可能性も十分にあります。スタンプを押してもらうようにするための裏ワザもあるので、後ほど紹介します。

③LINE公式アカウント友だち追加時のあいさつ

それでは、いよいよLINE公式アカウントのメッセージ配信を始めます。まず1通目は「登録してくださってありがとうございます」のようなお礼やあいさつが必要ですね。

これはLINE公式アカウントで新しい友だちが登録するたびに表示させたいものなので、LINE公式アカウントの初期設定時にあいさつ文を作っておきましょう。手順は簡単です。

「あいさつメッセージ」→ LINE公式アカウントのテンプレート文を消して自分のあいさつ文を書き込む

あいさつ文にはテンプレートがあります。あいさつ文に書く内容は、次の図を参考にして書きましょう。

あいさつ文で一番気をつけなければいけないのは、簡潔に書くことです。LINE公式アカウントのあいさつ文も、前章で説明したYouTube動画の最初のあいさつと、ほぼ同じような内容です。初めにあいさつをしたら、続けて自分のコンセプト、このLINE公式アカウントを見て得られるメリットを箇条書きで書きます。その後に登録時の特典（プレゼント）について記載します。プレゼントについては、後述します。

最後に、自分のSNS（Instagram、Twitter、YouTube）のURL、もしくはLINE公式アカウントのタイムラインのURLを書き込めば、あいさつ文は完成です。

LINE公式アカウントの初期設定はこれで完了です。

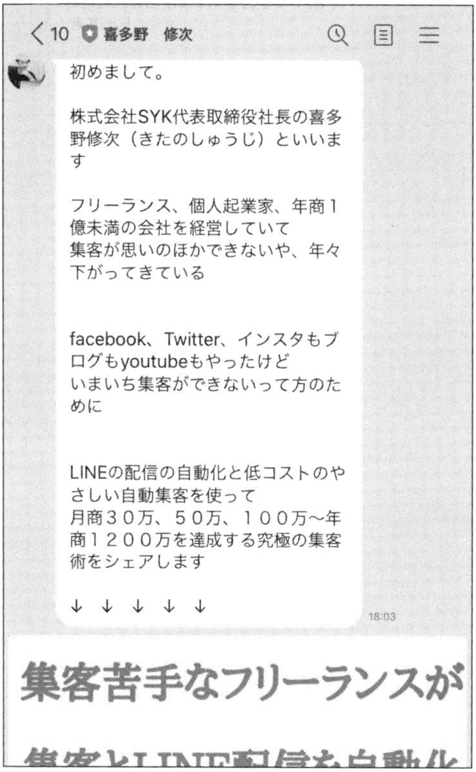

あいさつ文の例

各SNSからLINE公式アカウントへ誘導する

①各SNSにLINE公式アカウントのURLを記入する

さて、Instagram、Twitter、YouTubeでは、それぞれにURLを書き込む箇所がありました。ここに、LINE公式アカウントのURLを載せましょう。Instagramではプロフィール欄、Twitterはプロフィール欄か固定ツイート、YouTubeなら動画それぞれの概要欄に、LINE公式アカウントのURLを記入します。

LINE公式アカウントのURLは、アプリをダウンロードしてアカウントを開設すれば、すぐに生成されます。LINE公式アカウントのホーム画面にある「友だち追加」をクリックすると、LINE公式アカウントのURL

と QR コードを取得できます。この URL を、そのまま各 SNS に貼り付けてください。

②登録者限定プレゼントを用意する

SNS で LINE 公式アカウントの URL を記載するときに、絶対にしておくべきことは、**LINE 公式アカウントの登録者限定のプレゼントをつける**ことです。

友だち登録特典としてのプレゼントとは、具体的にどのようなものが適していると思いますか？　私がよく LINE 公式アカウント登録時のプレゼントとして見込み客に差し上げているのは、PDF 形式の資料や、5 分程度の動画です。

登録者プレゼントは、すでに作ってある資料、もしくはすでに公開している動画でも大丈夫です。新しく用意する場合でも、プレゼントを作るために高度なスキルはいりません。Word や紙にメモしたものを PDF 化してもいいでしょう。最近は、メモを PDF 化できるスマートフォンアプリもたくさんありますし、前の章で述べたように YouTube 動画もスマートフォン 1 台で作れます。

プレゼントする資料や動画の内容は業種によって異なります。私の場合は、「SNS で月 100 人集客するための SNS 活用バイブル」や「LINE 配信テンプレート 10 選」といった、見込み客の役に立つ資料を PDF にしたものを送っています。

他の業種の例では、ダイエットコーチの人なら「21 日間でマイナス○キロ痩せるための食事術」という 5 分程度の YouTube 動画を URL で送ると、ダイエットに興味のある見込み客は喜んでくれそうです。エステティシャンなら「小顔マッサージのやり方」、整体師なら「自宅でできるストレッチ」など、自分が持っているノウハウをまとめたものをプレゼントにするといいでしょう。

見込み客が喜んでくれるプレゼントを用意すると、そのプレゼントを受け取るために LINE 公式アカウントに登録してくれる人もいます。ただ、見込み客が求めていない情報をあげても意味がありません。「これを無料でくれるんだ」と感謝してもらえるような動画やPDFを意識して選びます。

LINE公式アカウントで効果的に配信するポイント

自分のキャラクターの発信

各SNSから見込み客を集めたら、LINE公式アカウントを通じてメッセージを配信していきます。見込み客に自分の商品・サービスを買ってもらうためのメッセージ配信をするには、3つポイントがあります。1つめは、**LINE公式アカウントにおける自分の"キャラクター"を、文章を駆使して発信する**ことです。

①なぜキャラクター発信が必要か

LINE公式アカウントの一斉送信のメッセージやタイムラインで、キャラクターを発信しましょうと言っても、困った顔をする人が多いです。キャラクターと聞くと、お笑い芸人やアイドルのような強烈なキャラクター設定をしなければならないと思い込んでしまうと、自分にはそんな強い個性はない、と困ってしまうのです。

しかし、お笑い芸人やアイドルのようにやろうと考える必要はありません。起業している人が自分のキャラクターを発信する目的は、**自分の人柄を見込み客に伝えるため**です。

現代は、ものを買う人、つまり消費者が何かを選ぶときに、その商品・サービスの質の良さだけではなくて、「この人が売っているから、買いたい」という共感が購入の決め手になる時代です。

商品・サービスの魅力だけで商売ができる時代はとっくに終わっていて、「その商品・サービスを売っている人のストーリーを知りたい」と思っている人がたくさんいます。

自分のストーリーで核となるのはその人柄です。それを伝えるためにキャラクターの発信が必要なのです。

②キャラクター発信のための配信内容

私はLINE公式アカウントで発信するもののうち**7割はビジネスに関するお役立ち情報で、残りの3割はプライベートな内容**にしてほしいと思っています。

プライベートな内容で例を出すなら、「今日は自分でお弁当を作りました」とか「ワンちゃんと散歩に行ってきました」とか、そういった日常の些細な出来事で大丈夫です。あとは自分と見込み客との価値観の共有も、ファンを得る上では役に立つので「道でポイ捨てをするのはだめ」とか「仕事の休憩は30分おきに入れよう」とか、自分の考えをズバっと言ってみるのも手です。

それでも「自分の価値観もキャラもよくわからない」という場合は、自分の生い立ちやなぜ起業したのかを振り返り、どのような価値観が自分を育んできたか考えてみてください。

難しければ、同業者のキャラクターを調べて、「同業者がこういった人柄なら、自分は真逆のキャラクターを意識してみよう」と設定してみてもいいでしょう。

③見込み客の不安を取り除く

商品・サービスを売っている自分たちがプライベートや考え方をオープンにすると、読んでいる見込み客は「この人はこういうキャラクターなのだな」と理解して商品・サービスを買う時の不安が薄れます。

それでもまだキャラクター発信の必要性がピンと来ない人は、「自分が買う側だったら」と想像してみてください。商品・サービスを売っている人の人柄や、普段どんな雰囲気の人なのか知らなければ、「この人の商品・サービスを買うのは心配だな」と思いますよね。

目的は見込み客が安心して商品・サービスを購入できるようになることです。そのためにキャラクターの発信は必要なのです。

話口調のような文体

またLINE公式アカウントでは、自分のキャラクターを意識しつつ、

Twitterと同じように**親しげな口調**で発信した方がいいです。

例えば、のほほんとしたキャラクターなら、友だちとLINEでやりとりするような感覚でメッセージを作ってください。また誠実なキャラクターであれば、「ですます」調を使うのもいいでしょう。ただ丁寧になり過ぎると、見込み客と自分の間に壁があるように感じさせてしまうので気をつけてください。

そして、LINE公式アカウントで配信する際の文章で意識していただきたいことが3点あります。

①極力漢字を使わない
②一部の人にしかわからないような専門用語を使わない
③わかりやすい文章を心掛ける

これを伝えるために、「小学3年生でもわかる文章で」と私はよく社員に言っています。わからない言葉、読めない漢字があったり、意図がわからないと感じたりすれば、その時点で見込み客は届いたメッセージを読むのをやめてしまいます。メルマガが開封されないのと同じ現象が起きてしまうのです。

私が配信メッセージの文体とキャラクターにこだわるのは、「見込み客との距離をいかに縮めるか」がポイントだからです。

見込み客が購買に至る前にLINE公式アカウントから離れていってしまうと、これまでやってきたSNS集客も無駄になってしまいます。

文字数を抑える

①配信1回につき吹き出しは1つ

わかりやすい文章と深く関わってくるのが文字数です。まず、配信1回につき、吹き出しの形で表示されるメッセージは1つだけが基本だと考えてください。

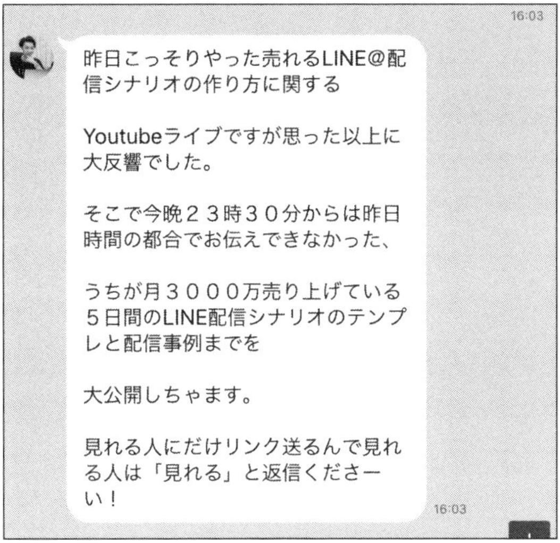

16:03
昨日こっそりやった売れるLINE@配信シナリオの作り方に関する

Youtubeライブですが思った以上に大反響でした。

そこで今晩２３時３０分からは昨日時間の都合でお伝えできなかった、

うちが月３０００万売り上げている５日間のLINE配信シナリオのテンプレと配信事例までを

大公開しちゃます。

見れる人にだけリンク送るんで見れる人は「見れる」と返信くださーい！
16:03

メッセージは吹き出し１つにおさめる

②最後まで読んでもらえる文字数

１回の配信でたくさんの量のメッセージを送っても、一番下まで読む人はあまりいません。**字数は 300 字から 500 字まで**にしてください。Instagram で最適な文字数とちょうど同じですね。

人間が１分で読める文字数は 400 字前後が平均と言われています。

LINE のようなコミュニケーションアプリは会話の代わりに使っているものなので、短文でのやりとりが当たり前になってきています。コミュニケーションアプリに限った話ですが、読むのに１分以上かかる文章は読み切る前に挫折する人が多いと思ってください。どんなに頑張って長い文章を書いても、文字数が 500 字を超えてしまうと最後まで読んでくれる人は少なくなってしまいます。また、300 ～ 500 字のメッセージを送ると最も URL をクリックしてもらえる確率が高くなります。

メッセージを用意して見込み客に一斉配信する

配信内容の種類と割合

共感を呼ぶキャラクター発信、親しみをこめたわかりやすい文体、多すぎない文字数……ここまで理解していただければ、あとは配信文章の内容です。

先ほど「お役立ち情報を７割、プライベートな内容は３割発信してください」と書きました。さらに言うと、お役立ち情報７割のうち、**３割が自分のビジネスに関するノウハウ、４割がお客さんに適切な判断基準を得てもらうための情報提供**にしてほしいのです。例えば、自分が接骨院の院長なら、プライベート３割はまったく接骨院と関係のない内容にします。「今日は晴れていたので洗濯物を干してから出勤しました」などです。

お役立ち情報のうち、３割のノウハウは「寝違えたらこういうことをすると痛みが改善しますよ」とテクニックを教えてあげてください。私のようなコンサルティングやコーチング業の人なら、「集客のために必要なのは○○です」といった内容です。

そして見込み客に発信するメッセージの中でも最も大きい割合を占める残り４割ですが、例えば「腰痛に悩んでいる方、今すぐに私の接骨院で治療を受けてください。腰痛を放っておいたせいで、慢性化した人もいますよ。私の治療院は腰痛改善のために特別な方法を取り入れています」など、見込み客に専門家・経営者としての立場から正しい知識を知ってもらう内容にしましょう。

この例であれば、「なぜ私の経営する治療院なのか」「なぜ他の治療院ではダメなのか」「なぜ今接骨院へ行かなければならないのか」の「なぜ」を、よく考えて発信していただきたいのです。

情報提供のための配信

この３つの「なぜ」の中の「なぜ自分の会社なのか」は、それぞれ自分の専門性や持っているノウハウを教えてあげればすぐに思い浮かぶと思います。

反対に多くの人がよく悩むのが残りの２つ、**「なぜ同業のライバルじゃダメなのか」**と**「なぜ今なのか」**です。

「なぜ同業のライバルじゃダメなのか」については、私の会社の例を挙げたいと思います。

私の会社の強みは、LINE公式アカウントやSNSマーケティングのノウハウを教えることです。他社はどちらかしか教えていないところが多いですが、自社なら低価格で両方を教えられます。このようなことを普段から配信で見込み客に伝えています。

第２章のコンセプト作りのときに使ったポジショニングマップで、自分の商品・サービスならではの強みをもう見つけられていると思うので、そこを強調して書いてください。

「なぜ今なのか」に関しては、データや自分の経験を出しながら、その理由をしっかりと説明することが重要になってきます。

例えばエステサロンなら、夏に「今肌をケアしないと、後で皮膚が荒れてシミにもなりますよ。だから今、１分１秒でも早くエステサロンに行って、一生モノの肌を守ることが必要です。こう言う理由は、実は私もこんな経験をしてきて……」と言って説得力を持たせながら、「今、しないといけない」と見込み客に思ってもらうのです。

ダイエットの例ならデータを紹介しやすいので、もっとわかりやすいです。メタボリックシンドロームにどうしてなるのかという現在のデータを送って、「今このダイエットをしておかないと、あなたも同じようになる可能性があります」と言うと見込み客もハッとします。

クーポンの送りすぎに注意

LINE 公式アカウントには商品・サービスの割引などができるクーポンを配れる機能があります。ときどき、見込み客に購入してほしくて、配信文と一緒にクーポンを送りすぎる人がいますが、それはやめてください。

月に１度程度ならいいのですが、あまりに多すぎるとクーポンが安売り広告のように見えてしまって見込み客からの印象が逆に悪くなり、ブロックされやすくなります。

また、「クーポンを１回だけ使って後はもう買わない」というお客さんも出てきます。お客さんにはずっと自分の商品・サービスを購入し続けてほしいですよね。割引効果に過度に頼るのは避けましょう。

配信のタイミング

お役立ち情報とプライベートの割合を守りながら、配信文のポイントを書いていけば、あとは継続あるのみです。LINE 公式アカウントでメッセージを配信することも、SNS 集客と同様に継続が大事です。

継続していくにあたって問題になるのは、配信の頻度やメッセージを送る時間帯です。こちらに関しては業種によって異なるため、大きく２つに分けて述べたいと思います。

以下は私が２カ月かけて同業者などをリサーチし、LINE 公式アカウント配信に対するお客さんの開封率や反応率をもとに分析した結果です。

①対人サービス業の配信タイミング

１つ目の業種は人に何かを教えたり、ヒントを与えたりするような対人サービス業です。教室を使って何かを教えている人や、コンサルタント、コーチングをしている人が該当します。会社名ではなく個人名でフリーランスとして起業している方もここに含まれます。

こういった業種の人たちの LINE 公式アカウント配信の頻度は、３日に１度がちょうどいいでしょう。

読者の皆さんのLINEアプリにも、複数の企業のLINE公式アカウントがあるのではないでしょうか。そんな中、1つの会社のLINE公式アカウントだけが毎日配信していると「めんどうくさい会社だな」と思ってブロックすることもありますよね。これは私の会社のリサーチからも判明していることです。

続いて配信する時間帯について言うと、夜の21時以降が見られやすいです。ただ、21時ちょうどは同業者も一斉にLINE公式アカウントでメッセージを配信しているので、21時5分とか、21時15分とか少し時間をずらすと、自分のメッセージが一番上に表示されるので、登録者が見逃す可能性は大幅に減ります。

②商品販売業の配信タイミング

2つ目はサービスではなく商品を売っている業種です。店舗やオンラインショップを経営している人はこちらです。個人名ではなく、会社名でビジネスを展開している業種だと考えてもらえればわかりやすいかと思います。

こういった業種の人たちがLINE公式アカウントで配信する場合は、1週間に多くても2回程度にしてください。

店舗のLINE公式アカウントでこれ以上の頻度で配信している人はほぼいません。だから、このLINE公式アカウントだけたくさん配信してくるな、と見込み客に思われると、悪目立ちしてブロックされる原因になります。

配信におすすめの時間帯は、先ほど述べた対人サービス業とまったく違います。遅くても20時までに配信してください。店舗経営者の中の常識として、「夜遅い時間には宣伝の連絡はしない」というものがあり、お客さんも無意識のうちにそれがわかっているので、20時以降に配信してしまうと違和感を抱き、「この店は非常識だな」と思われかねません。

LINE公式アカウントを さらに使いこなすテクニック

タイムラインを活用する

①LINEのタイムラインとは？

スマートフォンでLINEアプリを開くと、下にいくつかの表示があります。メッセージのやりとりで使う「トーク」の横にあるのが、TwitterやInstagramと同じような使い方ができる「**タイムライン**」です。

もともとLINEはメッセージアプリとしての印象が強いのですが、自社調査ではLINEの全ユーザーの6割はタイムラインを見ているという結果が出ています。

たくさんのLINEの友だちの投稿が見られるので、TwitterやInstagramのような感覚で、友だちと情報共有するために使っている人も多いですね。

私がタイムラインに投稿する内容のほとんどは、**見込み客の興味をひきやすいお役立ち情報**にしています。

投稿するときは自分のキャラクターを身近に感じてもらうために、プライベートで撮った写真も入れていますね。Instagramのような画像メインのツールではないので、写真は何にしても大丈夫です。

②タイムラインで投稿を拡散する

ここで、LINE公式アカウント初期設定のところで述べた、「自分の投稿にLINE公式アカウントの友だちがスタンプをつけ、その人の友だちにも自分の投稿が表示される」ということについて、もう少し詳しく説明したいと思います。

一度タイムラインに投稿すれば実感していただけると思うのですが、LINE公式アカウントの登録者は複数いるのに誰も自分の投稿にスタンプをつけてくれないことがあります。

そのため投稿するときに「この投稿を見て参考になったらスタンプをつけてください！」とつけ加えるだけで、スタンプを押してくれる人の数が増えます。もともとLINE公式アカウントの友だちは自分の商品・サービスの見込み客なので、そういった言葉に反応しやすいという側面があります。

この**「反応してもらうこと」は大きな集客活動の１つ**でもあるのです。

LINEタイムラインを使った集客方法では、もう１つコツがあります。私は**２週間に１度、タイムラインに反応してくれた人にPDFのプレゼント**を差し上げています。

これは事前に準備した後、投稿文に「今日はこういった内容のPDF資料のプレゼントがあります！　欲しい人はこの投稿にスタンプを押した後に、僕のLINE公式アカウントに『プレゼント希望』とメッセージを送ってください。そうしたらプレゼントを送ります」と書きます。メッセージは堅いものではなく、ひとつの合図となる合言葉にしても面白いかもしれませんね。

そうやってタイムラインに投稿した内容に反応があり、70人がスタンプをつけてくれたとします。その70人にそれぞれLINEの友だちが100人いれば、合計で7000人のLINEユーザーにその投稿を拡散できたことになります。

実際に成功例もあります。

埼玉県で接骨院を経営している人がこの方法で、タイムラインの投稿に120件スタンプをつけてもらい、そこから24時間でLINE公式アカウントの友だちが49人増えました。その投稿は今も読まれていて、たくさんの見込み客が彼のLINE公式アカウントに登録し続けているそうです。

ただこの「プレゼント希望」のメッセージは、やり過ぎると見る人も飽きてしまい、かえってマイナスイメージになるリスクがあります。

やはり、２週間に１度くらいにしておいた方が無難です。

配信をステップ化する

この章も終盤です。先ほど少し説明したLINE公式アカウントのメッセージ送信を便利にする「ステップ配信」について触れておきます。

ステップ配信は、LINE公式アカウントのメッセージを自動配信してくれる機能です。

ステップ配信の設定をすると、LINE公式アカウントに登録してくれたお客さんに1通目はこれ、2通目はこれというふうに、自動的にメッセージを配信できます。

1回で5通分の配信メッセージをあらかじめ作っておくと、新しい見込み客などがLINE公式アカウントに登録するたびに、自動的に順番に送られ、配信する時間の間隔も配信者が設定できます。

こうすることで、時間の節約もできるし、後は見込み客から問い合わせが来るのを待つだけなので効率的です。

「LINE公式アカウントで毎回配信内容を考えるのが大変。あらかじめ内容をストックしておいて忘れないように配信したい」と感じたときに利用価値のある機能です。

見込み客に商品・サービスを購入してもらうチャンスを逃さないためにも必要です。

このLINE公式アカウントのステップ配信の機能は意外とまだ使っている人が少ないので、ぜひ試してほしいと思っています。

第7章

さらなる集客・売上に繋げよう

LINE通話を使った営業で売上に繋げる

LINE通話で営業する

LINE公式アカウントでリストビルディングをしたら、営業の最終段階でLINE通話を使ってほしいと思っています。お客さんが商品・サービスの購入に至るための最後のプロセス、営業用語でいうとクロージングのために通話を使います。商品・サービスの売上を上げるために、**LINE通話を使ったクロージングはとても効果的**です。

通話での営業と言うと、電話営業という手法もあります。電話営業に比べてLINE通話を使った営業にはメリットがあります。

まず、LINE通話は通話料がかかりません。かつては携帯電話での通話より固定電話の方が割安だったかもしれません。しかし、今はLINEアプリが普及したおかげで、LINE通話を使って誰でも無料で電話ができるようになりました。

そして、通話に限らず、LINEは多くの人が日常的に使っているコミュニケーションアプリです。見込み客にとっても、LINEは抵抗なく使える身近なツールであるはずです。

このように、通話料が無料で、多くの人が使い慣れているおかげで、通話するときに見込み客の心のハードルが、電話よりも大幅に下がります。LINE通話は、商品・サービスの購入を決めてもらう段階で使用するのに最適なのです。

特にLINE通話でのクロージングが向いているのは、コンサルタント、カウンセラー、コーチングなど、誰かを支援するビジネスをしている人たちです。

店舗の経営者などは、LINE公式アカウントで一斉にメッセージを配信することで来店に繋げられるケースが多いです。ただし、そういった人もオンラインで商品を売りたい場合は、LINE通話で営業をすると売上に繋がりやすいです。

LINE通話をする相手は、すでに自分の商品・サービスをよく知っている見込み客です。LINE公式アカウントの一斉配信や1対1でのやりとり、タイムラインの投稿などを通じて、信頼関係を構築できている人に限定されます。

見込み客に商品・サービスについて十分に理解してもらってから、**購入前の最後の迷いを解消するために通話を使う**のです。これは、自宅まで押しかけて、商品・サービスを無理矢理売る"押し売り"とはまったく異なります。

商品・サービスを購入するときは、それが自分の本当に求めているものか、必要としているものか、最終判断をする必要があります。LINE通話は、その判断の機会を作る手段でもあるのです。

LINE公式アカウントから通話に繋げる

見込み客にLINE通話で営業をするためには、LINE公式アカウントでのやりとりを通じて、相手を通話まで誘導します。LINE公式アカウントから通話に繋げる方法は2つあります。

①「友だち」からの個別質問へ対応する

LINE公式アカウントで配信を続けていると、配信を見た「友だち」から個別に問い合わせが来ることがあります。質問が送られてきたら、10分くらいの無料通話で説明すると返信します。

私の場合は、「喜多野さんの講座に通おうか迷っているんですけど、詳しい内容を教えてもらえませんか？」と問い合わせがあれば、「通話の方が早いので、お時間空いているときありますか？」とメッセージを返して通話に繋げます。

②一斉配信で無料相談を受け付ける

LINE 公式アカウントの配信で、「限定〇人に無料相談受け付けます」などと一斉に送ります。いつもの一斉配信メッセージの内容とは趣向を変えて、お試しサービスをやっているような雰囲気を醸し出します。

例えば、ダイエットコーチでダイエットに関する配信をいつもしている人であれば、こんなふうに配信します。

「昨日ダイエットについての私のブログ記事の紹介を配信したところ、80 人から反響がありました！　ブログ記事では伝えきれなかったノウハウを求めている人がたくさんいることもわかったので、今回、限定５名にそれをお教えします！　興味のある人は、『無料相談希望』とメッセージをください」

お試しサービスの雰囲気にすることで、購入を迷っている見込み客がメッセージを送りやすくなります。「無料相談希望」のメッセージが届いたら、「LINE の通話機能で詳しく話します」といったことを返信します。

通話の回数と所要時間

日にちと時間のアポイントを取ったら、その後はいよいよ通話です。

通話を際限なくやり続けても時間がかかってしまうだけで、売上には繋がりません。LINE 通話で営業をするときの、適切な回数と所要時間を確認しておきましょう。

１回目は 15 分以内で終わらせます。

１度にたくさん話し過ぎると、自分の時間がなくなるだけではなく、お客さんの時間をたくさん奪ってしまうからです。軽い気持ちで問い合わせてきたお客さんであれば、１回目からあまり長い通話時間になると、うんざりしてしまうかもしれません。

私は、１回目が長引きそうな場合は、「今日はお時間になってしまったので、明日の 16 時頃はお時間空いていますか？」と言って、なるべく間をあけない日程で２回目のアポイントを取っています。

２回目と３回目はそれぞれ 30 分から１時間程度です。

１回目か２回目の通話で購入に繋げることが理想です。しかし、２回目の時点で相手がまだ購入を迷っているようであれば、無理せずに３回目までは通話を試みてください。

３回通話して購入に至らない場合は、４回以上通話しても良い効果が出ることはほぼありません。通話は３回目までとしましょう。

LINE 通話営業で話す内容

LINE 通話で話す内容は、相手との通話回数に応じて変わります。以下のような流れで見込み客とやりとりをして、購入に繋げましょう。

①１回目で話す内容

本題に入る前に、**まず自分のことを知っているか尋ねます**。もちろん、通話をしている段階で、相手は自分のことを知っている人がほとんどなのは承知の上です。

ただ、「私、喜多野修次というんですが、知っていますか？」などと聞くことで、話を聞く前から見込み客の中で「SNS で見たあの人だ」というイメージが起こりやすくなります。

次に、事前の約束通り 15 分の時間が取れるかどうか聞きます。通話の所要時間を言うことで、見込み客が話を聞く態勢ができているかを確認します。

事前の確認が終わったら、まず、その日に説明することのテーマを言います。しかし、１回目の通話ですぐに説明に入るのではなく、先に**見込み客の悩みをできるだけ聞いてください**。

見込み客の話を聞いた後、２回目のアポイントを取ります。例えば、以下のように話すと次の通話に繋げやすいです。

「今聞いたお悩みは解決することが可能です。例えば、こんな方法があります。他にも説明したいのですが、今日はもう 15 分経ってしまったので、次回できれば 30 分ぐらいお時間をいただきたいのですが……」

ただし、１回目の通話で「購入を決めました」と言ってくれる人もいます。その場合は、ここでクロージングに入っても構いません。

②２回目の通話で話す内容

まず、挨拶と１回目の通話のお礼を言って、ちょっとした雑談をします。「どこにお住まいなのですか」程度なら、プライベートなことも聞いて OK です。

見込み客にリラックスしてもらってから、前回の通話で見込み客から聞いた悩みの解決方法を話します。その**悩みに対して、自分が提供している商品・サービスで何ができるか**説明します。「これをすると、こういう未来が手に入るんですよ」といったような、ポジティブな未来を見せてあげましょう。

例えば、今までよりもどれだけ便利になるかというような内容を話し、商品を手にした後のことを想像してもらいます。

その後、**他社とは異なる自分の商品・サービスの魅力**を伝えます。コンセプト作りの章で見えてきたことを言葉にして、見込み客に示せれば大丈夫です。

そして最後に、**自分のビジネスの目標や夢**を話します。こういった話をすることで、意外と見込み客の共感を呼べることがあります。

多くの場合は、この２回目で購入を決めてもらいます。すぐに決めるのが難しければ、３回目のアポイントを取ります。３回目は、基本的に２回目と同じ流れで話します。

顧客にならない人の特徴

LINE 通話では実際に見込み客と話すので、自分の商品・サービスの顧客にならない相手を見分けられることが多いです。そのような相手だとわかれば、早めに通話を切り上げましょう。顧客にならない人を見分けるポイントは、業種によっても異なります。

①連続して当日キャンセルする人

どのような業種であっても、当日に通話の約束をキャンセルする人には注意します。体調不良などの理由がある場合もありますが、そのようなキャンセルが３回続くようなら、ただのひやかしや、それほど興味を持っていない人の可能性があります。

実際に病気などの理由で、なかなかクロージングに繋げられない見込み客もいます。この場合も購入に繋がる確率が少ないので、様子を見て営業を切り上げる方が無難です。

②敬意がない人

敬語を使わなかったり、相手に対する尊敬の気持ちがまったく伝わらなかったりする人にも気をつけましょう。特に、コーチングやコンサルティングのようなサービスをしている人は、お互いに敬意をもってやりとりをすることが大切です。そのため、ぞんざいな口調の人は顧客にならないと思ってください。

敬意がない人は、そもそも購入する気がないのに興味のあるふりをして、通話を承諾します。１回目の通話で「この人はそうだな」と思えば、それ以降は通話しない方がいいです。

③インターネットツールに疎い人

オンラインスクールなどを運営している人は、LINEやZoomなどのツールが使えない相手ならば、見込み客から除外します。

このような人は実際に購入に至る可能性もあります。しかし、あまりにもインターネットのツールに疎いと、購入後に本人もサービスを提供する側も手間がかかって困ることになります。

以上のような人を避けて、LINEの通話機能を使って２〜３回話して、クロージングまで進めていきましょう。

YouTubeライブ・インスタライブで売上に繋げる

ライブ配信とは

生中継のような形で動画を撮るライブ配信は、**リアルタイムでセミナーや商品の宣伝をしたいときの告知に向いているツール**です。
私の講座の受講生では、フリーランスでビジネスをしている人や、コーチング・コンサルティング業の約7割の人が、ライブ配信を使っています。

私がおすすめしているライブ配信ツールは、YouTubeで動画を生配信する「YouTubeライブ」と、Instagramの生配信機能である「インスタライブ」です。どちらも、商品・サービスの売上を上げることができるツールで、スマートフォン1台あればできます。

見込み客とより親密になれる

ライブ配信は、**見込み客とより親密になれるツール**だと実感しています。セミナーやイベントの告知も、通常のYouTube動画よりライブ配信で伝えた方が、人が集まりやすいです。
ライブ配信を1回見てファンになった、と言ってくれる人もいます。私にとって、1回だけの視聴でファンになってくれるというのは、ブログ記事だけで発信していればありえないことでした。
ライブ配信でこのような効果が上がる理由は、視聴者と一緒に体験型のコミュニケーションができるからです。
現代は「誰かといっしょにインターネット上で何かを体験したい」と思っている人が多いのです。全国的アイドルであるAKB48のメンバーなど芸能人も積極的にライブ配信をしています。ライブ配信の視聴者にとって嬉しいのは、配信者とリアルタイムにやりとりができることだと思います。
ライブ配信をしていると、視聴者がコメントをくれて、その場で答えることもできます。ライブ配信では、一体感を醸し出すためにも、コメントをもらえば必ず何かしらの反応をすることが大事です。

ライブ配信は10代や20代の若い人が見るものだというイメージを持っている人が多いです。しかし、ビジネスに繋げるためにライブ配信をするなら、ターゲットの年齢層や性別は気にしなくても大丈夫です。
私の会社はターゲットの8割程度は30代後半から50代前半の人です。それでも、ライブ配信をすると毎回100人以上見てくれる人がいます。その中には男性も女性もいます。

ライブ配信の初心者は、最初は1週間に1回くらいから無理なく始めて、慣れてから配信の頻度を高めていきましょう。私は1週間に2～3回、見込み客がスマートフォンをよく見ていそうな21時頃に、1回15分から20分くらいを目安に配信しています。
ライブ配信の内容はなんでも構いません。ライブ配信に慣れていない場合は、ぶっつけ本番で配信すると途中で話が止まってしまう心配があるかもしれません。困ったときは、自分のビジネスに関するお役立ち情報を用意するのがいいでしょう。例えば、英語を教えている人であれば、「日本語と英語の文法の違い」とか「英語の発音」とか、ざっくりとテーマだけ決めておくと話しやすいです。

ライブ配信の方法

ライブ配信で大事なのは、話す内容だけではありません。効果的にライブ配信をして、売上に繋げるためのコツを紹介します。

①ライブ配信を告知する

配信をする当日は、事前に「今日○時からライブ配信をします」と見込み客に知らせます。ライブ配信の告知は、LINE公式アカウントだけで

OKです。他のSNSで告知をしても、忘れてしまう人が意外と多いのです。

事前に告知していた時間になったら、LINE公式アカウントで「今から始めます」といったメッセージと一緒に、ライブ配信のURLを一斉送信してください。

②一体感を盛り上げる

ライブ配信を始めたら、最初に「初めての人は『はじめまして』とか、これまでも見てくださっている人は『こんにちは』だけでいいので、何かコメントください」と言いましょう。簡単な挨拶だけでもコメントをすることで、視聴者は自分も一緒に体験しているんだという実感を得られます。

次に、YouTubeライブの場合は、「楽しみにしてくれている人は、気軽に高評価ボタンとチャンネル登録してください」と促しましょう。「高評価」と「チャンネル登録」が多いと、まだ見ていない人からもこのライブ配信は盛り上がっていると思ってもらえるからです。

③商品・サービスの告知は最後にする

ライブ配信でセミナーなどの告知をするなら、最後にした方がいいです。配信の途中で何度か「最後に告知があります」と言っておくと、ライブ配信の離脱率も下がります。

セミナーの情報や申し込み方法を告知したり、期間限定販売の商品を紹介したり、見込み客に知ってほしい内容を宣伝しましょう。

④初心者はテスト配信で練習

ライブ配信に慣れていない最初の頃は、自分や少数の友だちだけが配信を見られる「限定公開」に設定して、練習することもできます。友だちなら、試しにコメントを入れてほしいというお願いも気軽にできます。実際に見込み客に向けて配信を始める前に、限定公開でテスト配信をして、配信ツールの使い方に慣れておくと安心です。

以上の点に気をつけて、ぜひライブ配信に挑戦してみましょう。ライブ配信は、ファンを作り、売上に繋げるためのツールとして、活用する価値があります。

Web広告で集客効果を引き上げる

Web広告でより早く売上を伸ばす

SNSマーケティングは、無料で見込み客を集められる点が一番のメリットです。集客のために使うSNSはすべて無料です。信頼関係作りやクロージングに使用するLINE公式アカウントは、配信も通話もコストはかかりません。このようなゼロコストの方法でも、実際に購入に繋げられます。

しかし､SNSマーケティングの効果をより一層引き上げる方法として、Web広告があります。Web広告は、SNSと違ってお金がかかりますが、1日3000円程度から始められます。一刻も早く自分の商品・サービスを売りたい場合、SNSでの集客にWeb広告を組み合わせれば、**SNSだけよりも時間を短縮して売上が伸ばせます。**

私の場合、SNSだけでは、LINE公式アカウント登録者数は1カ月で100人くらいでした。ところが、Web広告を始めると、わずか10日間で200人に登録してもらえたのです。

「Web広告はハードルが高そう」と思って敬遠する人も多いです。しかし、これから紹介するWeb広告について知れば、予想外に簡単だということも理解してもらえると思います。

SNS集客に慣れてきたら始めよう

Web広告を始めるタイミングは、ビジネスの業種を問わず、SNS集客に慣れてきて月商100万円以上になる頃を目安にしましょう。SNSに慣れたら、Web広告も同時進行でやってほしいと考えています。

Web広告がたくさんの見込み客の目に留まれば、自分の商品・サービスの認知度も急激に上がります。そうすると、Web広告を見た見込み客が、私の名前を調べてTwitterやInstagramを見てくれて、そこから購入に繋がることもありえます。簡単に言うなら、**Web広告を使えば、自分の商品・サービスのブランディングがしやすくなる**のです。

低コストとは言えWeb広告を出すためにはお金がいるので、最初はSNSだけでももちろん構いません。でも、だんだんと売上が伸びてきたら、自分の大事な時間を節約し売上をより迅速に伸ばすために、Web広告を始めてほしいのです。

Facebook広告の特徴

広告を出すことを「出稿」と言います。初めてWeb広告を出稿する人には、**Facebook広告**をおすすめしています。

Facebook広告とはSNS広告の一種です。お金を支払って、Facebook上で自分の商品・サービスを拡散してもらうものだと思ってください。基本的には、Facebook上だけに表示される広告ですが、2012年からInstagramがFacebookの傘下に入っているので、設定や料金などによってはInstagramにも広告を掲載することができます。

Facebook広告は、出稿するときに広告の内容が違法ではないか、嘘が混じっていないかなどの審査が入ります。そのため、広告の内容には注意が必要です。広告バナーでは、「絶対」「確実」と言い切るような表現は、誇張だとか虚偽だと審査で判断される可能性があります。例えば、「絶対うまくいく」などの表現は避けた方がいいでしょう。

また、Facebook広告はスマートフォンではなくパソコンで作業します。本書で紹介しているSNSマーケティングの手法は、ほとんどがスマートフォン1台でできるものです。しかし、Facebook広告に関してだけは、パソコンがあった方が便利です。

その理由は、広告の設定画面が非常に大きいためです。スマートフォンを横にして作業することもできますが、かなりやりづらく感じると思います。SNSだけでなく広告を出稿することにしたら、できるだけパソコンを使うことをおすすめします。

広告費について

Web広告には費用がかかりますが、Facebook広告なら少額でも広告を出すことができます。Facebook広告は、1カ月2万円、もしくは1日単位で1000円からスタートできるのです。

セミナーでweb広告の話をすると、どのくらい効果が出るのかわからないのに広告費を出すのはギャンブルみたいだと怖がる受講生の方もいます。しかし、広告とギャンブルはまったく違います。広告は、「石橋を叩いて渡る」ということわざのように、**まずは少額で試して、売上が出たらその中の何割かを貯金して、残りを広告費に回して、という形で売上を上げていく**ものです。

web広告なら、少額の広告費用から始めても、十分に成果を出すことができます。実際に、私がwebに広告出稿を始めたときのエピソードを紹介します。

私は、会社を創立した2カ月後から広告出稿を始めました。当時売っていたサービスは、10万円程度のものです。会社には1000万円ほどのお金がありましたが、最初広告費にかけたのは1カ月5万円でした。広告を出してから、LINE公式アカウントに40人の見込み客が登録してくれました。そして、そのうちの2人が、10万円のサービスをそれぞれ購入してくれたのです。

つまり、広告費に5万円支払い、それによって見込み客40人と20万円の売上を得たことになります。その後は、20万円の売上をすべて広告費に回すのではなく、10万円は会社で貯金し、残りの10万円を広告費に使いました。そうすると、今度はそれが30万円の売上に繋がりました。こうして得た売上のうち20万を貯金、10万円を広告費へ……といったことを繰り返していきました。

このように、初めは少額の広告費から始めて、少しずつ値段を上げていけば、自然と売上は上がっていくのです。

他にもWeb広告を出す方法はありますが、スモールビジネスとして商品・サービスを売る場合なら、初心者はFacebook広告だけで十分です。Facebook上での広告の拡散力はかなり大きいので、まずは少額からでもスタートしてもらえれば、だんだんと効果を感じるようになると思います。広告の効果で売上が出たら、急に広告費を増やすのではなく、様子を見ながら少しずつ広告費を上げてみるようにしましょう。

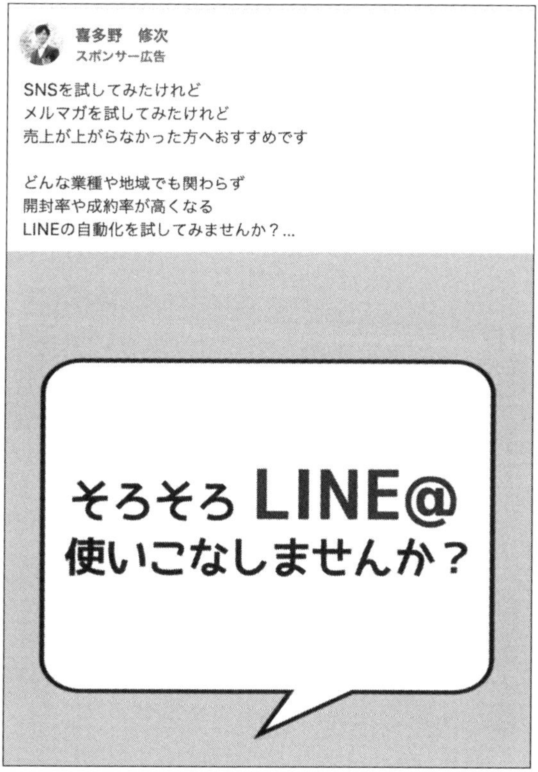

Facebook広告の例

Facebook広告の出稿準備と費用

Web広告を出すための３ステップ

Facebook 広告を出稿する方法は、実にシンプルです。出稿する前に最低限準備するものは、以下の３つだけです。

①文章の上部にあるヘッダー画像
②Web 上に表示される帯状の広告バナー画像
③広告の文章

この３つを用意したら、Facebook で広告の設定をして、出稿ボタンを押せばおしまいです。

①の文章の上部（ヘッダー）にある画像と、②のバナー画像は、なるべく目立つものにしましょう。Instagram の投稿画像や YouTube のサムネイルと同じように、画像が Facebook を見ている人の目に留まらなければ、クリックされることなく流れていってしまいます。

これまでの SNS 集客で培ってきたテクニックを使って、Facebook 上でも目を惹くような画像を作ります。加工する元の画像は、自分で撮った写真でもインターネットで探せるフリー素材でも構いません。Facebook 広告においても、やはり大事なのは、画像にインパクトのあるキャッチコピーを必ず入れることです。

広告の文章を用意する

画像が用意できたら、広告の文章を用意します。文章はヘッダー画像の下に表示されます。

文章の内容について、初めはいろいろと考えてしまうと思いますが、以下のことに気をつけて気楽に書いてみましょう。

まずは、広告で成功している人の広告の文章を読んで参考にします。どのような雰囲気の文章がお客さんの心をつかめるのか、成功例を見て把握しておきます。

次に、広告の文章は実際に出稿するものの他にも複数準備しておきます。一度出してみた広告に効果が感じられなかったときに、スムーズに他の文章と入れ替えて様子を見るためです。

そして、出稿する文章の作成には、時間をかけすぎないようにすることがとても大事です。最初は完璧な文章なんて誰でも書けなくて当たり前なのです。ストレスなく広告出稿を始めましょう。

ライティングスキルがなくても広告の文章を書く、最もシンプルな方法は以下の通りです。

最初に、疑問形で自分のビジネスのキャッチフレーズを書いてください。例えば、私の会社なら「LINE 公式アカウントでステップ配信ができるツールを知っていますか？」というように書いています。

次に、自分の商品・サービスで得られるメリットを書き、LINE 公式アカウントやホームページの URL を載せます。例えば、「弊社なら集客から販売までサービス１つで完結できます」とメリットを挙げて、最後は「方法はこちらで公開しています。今すぐクリック」というように締めます。

LPを作成する

見込み客が広告からアクセスでき、そこから問い合わせや購入ができる Web ページのことを「ランディングページ（LP）」と言います。広告を売上に繋げるためには、LP を用意しましょう。

LP は、集めた見込み客を LINE 公式アカウントに誘導したり、購入に結びつけたりすることに特化した Web ページです。広告出稿する場合に必要になります。

LP を作成する上で、Facebook の審査に通りやすくするコツがあります。自社調査によれば、Facebookでは、LPに載せる文章の最後に「結果には個人差があり、効果を保証するものではありません」という一文と、販売している商品・サービスの詳細、お客さんが購入する際に必要になる銀行などの金融機関の口座番号を書き入れておくと審査に通りやすくなるようです。

LP作成のために使えるサイトとして、「ペライチ」というホームページ作成サイトをおすすめしています。「ペライチ」では、サイトのデザインはすでに決まった型が用意されており、サイト作成をデザイナーに頼む必要はありません。デザインの型はシンプルですが、シンプルな方がいかにも「宣伝！」という雰囲気が出ないので、逆に集客効果が見込めるのです。

「ペライチ」で作るWebページはスタートプランにすると1ページ無料なので、LP作り初心者に最適です。こうしたホームページ作成サイトを使えば、広告制作がより一層簡単になります。

「ペライチ」でLPを作るには、それぞれ3つの部分に分けて作っていきます。

①ヘッダー

LPの上部にあるのが「ヘッダー」です。ヘッダーはとても大事なので、LP作りの9割を占めると思ってください。

ヘッダーには、第1章で作ったコンセプトを挿入しましょう。私の場合は、「インスタ映えしないインスタ集客」というコンセプトをヘッダーにどーんと打ち込んで、LPを見た人に真っ先に注目してもらえるようにしています。

ヘッダーの例

②ボディ

ヘッダーの下に続く文章の部分は、「ボディ」と呼ばれています。ボディには、広告に出稿する文章の書き方で説明したような、自分の商品・サービスのメリットを書いていきます。その商品・サービスを求めている見込み客の悩みを解消するポイントして、箇条書きで入れていきます。

LPのボディを書くときには、基本的に人間は「見ない、信じない、行動しない」生き物だと考えましょう。広告からLPにアクセスした見込み客は、多くの場合、商品・サービスに疑問や不安を持っています。

例えば、私のようにSNS集客のコーチングをしている人であれば、自分のビジネスを知ったお客さん全員が「そうは言っても、SNS集客は難しいんでしょう？」と思うはずだと予想します。ボディ部分の文章では、そのような疑問や不安を記載した上で、それに対して「いいえ、本当に難しくないんです」と否定するのです。これを繰り返していくことで、**LPを見ている見込み客の不安をだんだん解消していきます。**

見込み客の気持ちを第一に考え、その不安を打ち消すように自分の商品・サービスのメリットを書いていくのが、ボディ部分を作成するポイントです。

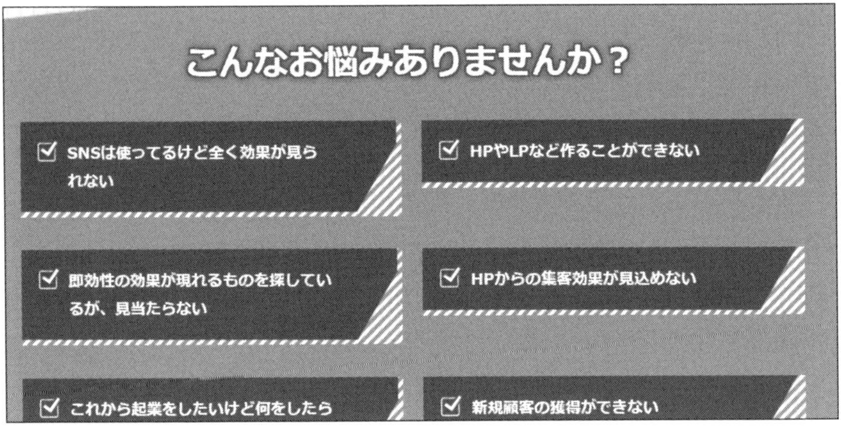

ボディの例

③フッター

LP の一番上の部分をヘッダーと呼ぶのに対して、一番下の部分は「フッター」と言います。

ここには、他の SNS のプロフィール欄や概要欄と同じように、LINE 公式アカウントの URL と、友だち登録を促すためのプレゼントの説明などを入れておきましょう。ヘッダーからボディまでを読んで商品・サービスに関心を持った見込み客が、フッターから LINE 公式アカウントに登録できるようにします。

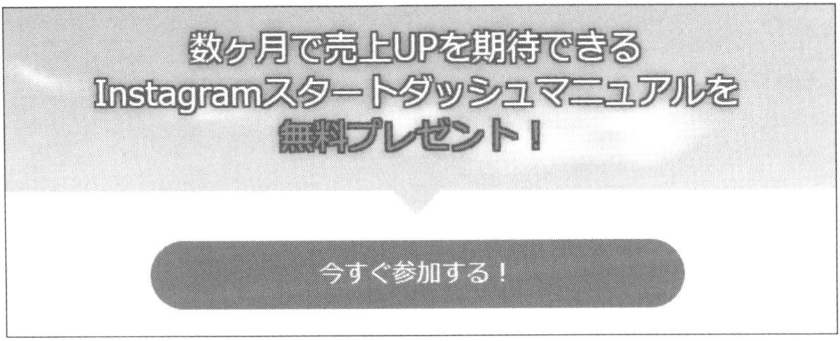

フッターの例

この手順に従えば、Facebook 広告の効果を最大限に上げられる LP を簡単に作成できます。

最終章である第 7 章では、LINE 通話、ライブ配信、Web 広告などのテクニックを紹介してきました。Instagram、Twitter、YouTube、LINE 公式アカウントに加えて、これらのツールを上手く使いこなして、さらなる売上の向上に繋げていきましょう。

おわりに

ここまでお読みくださり誠にありがとうございます。

本書では、SNSマーケティングの全体像から具体的な手法・テクニックまでを、余すことなくまとめました。我ながら、かなりの良書になったと感じています。

ビジネスで成功をつかむには十分すぎるエッセンスを、この1冊に詰め込みました。企業のSNS担当者だけでなく、フリーランス・起業家の方にとって、役に立つ内容になっていれば幸いです。

自己啓発本やビジネス書を読んでも、多くの人は年収が上がらず人生は変わりません。その理由はただ1つで、「行動」しないからです。

本書のようなビジネス書を最後まで読んでくれる人は、買った人全体の2割だと思っています。さらに、読んだ内容を行動に移すのは、そのうち2割。つまり、本を最後まで読み終わるだけでなく実際に行動する人は、2割の中の2割、すなわち全体の4％だと考えられます。

国税庁のデータによると、年収1000万円を超える事業者は、全事業者の4％です。これは参考に過ぎませんが、ビジネスで成功を目指している人の中で実際に達成する人の割合は、やはり4％くらいになるのではないでしょうか。

ここまで読んでくれた2割の「あなた」には、ぜひこの4％に入ってほしいと思います。読書時間と本の代金を無駄にしないためにも、どんな小さなことでもいいので行動してみてください。

本書で学んだことを通じて成功を収めた時には、もう一度この本のことを思い出してくれたら嬉しいです。そして、あなたの大切な人にもぜひこの本を紹介してください。それでは健闘を祈ります。

2020年8月　喜多野 修次

本書を読んだ方限定！

3大特典

著者のLINE公式アカウントに登録すると
3つの特典をプレゼント！

特典1
お客様の反応が劇的に上がる
LINE配信事例集10選

特典2
「いいね」やフォロワーがみるみる増える
Twitter投稿テンプレート

特典3
見込みのお客様がどんどん集まる
インスタ投稿マニュアル

左のQRコードから友だち登録後、
「SNS特典」とメッセージを送ってください

QRコードが読み込めない場合は、「@shuji」でLINE ID検索（@もお忘れなく！）

著者プロフィール

喜多野 修次（きたの・しゅうじ）

株式会社 SYK 代表取締役社長。
神奈川県生まれ。女手一つで育ててくれた母のために起業を決意。20歳でフリーランスの心理コーチとして起業するものの上手くいかず、借金400万円を抱えるようになる。失意の中、SNSマーケティングに出会い人生が一転。心理コーチとして月収200万円を達成する。その後、SNSを活用したマーケティングのコンサルティングを行う株式会社SYKを創業。集客に悩む経営者やフリーランスを中心に、これまでに2700人以上を指導し、創業から1年半で月商3000万円、年商3億円を達成した。
著書に『フリーランスにいちばんやさしいTwitterマーケティング』『PC不要・センス不問・容姿自由！　だれでもできる全く新しいSNS起業のしかた』『コーチ・コンサルのための完全オンライン型ビジネスの教科書』（以上、全て電子書籍）等。

SNSで人を集める！
やさしいSNSマーケティングの教科書

2020年9月20日　初版発行
2021年12月14日　6刷発行

著　者　喜多野 修次
発行者　野村直克
発行所　総合法令出版株式会社
〒103-0001 東京都中央区日本橋小伝馬町15-18
EDGE小伝馬町ビル9階
電話 03-5623-5121（代）
印刷・製本　中央精版印刷株式会社

落丁・乱丁本はお取替えいたします。

ISBN 978-4-86280-761-8

総合法令出版ホームページ　http://www.horei.com/